EN PROCÈS

UNE HISTOIRE DU XXe SIÈCLE

inculte / dernière marge

EN PROCÈS

SOMMAIRE

AVANT-PROPOS

Arno Bertina et Mathieu Larnaudie

« Courant sur tout le siècle, le procès est un élément essentiel de la réalité et des fictions politiques. Ce siècle [le vingtième] pourrait même efficacement être lu grâce aux représentations des procès qui l'ont traversé. » Cette idée, qui nous a été soufflée il y a quelques années par Lionel Ruffel [1], a depuis fait son chemin, tant il est vrai que les questions qu'elle pointe – la manière dont la justice est rendue, mais alors selon quelles formes, dans quels contextes, et surtout : quelle justice ? – sont déterminantes, permanentes, pour notre expérience des faits historiques aussi bien que pour notre compréhension de l'actualité.

Il nous a ainsi semblé nécessaire d'en reprendre le ferment pour l'amplifier et le porter aux dimensions d'un livre : ce volume soulèvera donc, à sa façon, des questions d'historiographie (comment écrire l'Histoire) et de poétique (quel angle adopter, quelle métaphore choisir pour faire entrer le XXe siècle dans une bouteille [2]). Nous avons tenté de proposer une métonymie du siècle. Des procès emblématiques pour le condenser – plutôt que le résumer – et le faire entrer avec tout son jus dans l'espace du livre. Les textes réunis ici constituent de petites fictions politiques qui contractent un moment du siècle passé et, par conséquent, en révèlent un fragment.

Car s'il est possible de raconter l'histoire du XXe siècle à travers celle des procès qui l'ont jalonné, c'est en faisant valoir un intérêt égal pour tous les types de sujets ou, plus précisément, pour tous les types d'entrées – qu'on passe par les cuisines ou par le grand escalier ; qu'on entre dans l'Histoire par ses événements marquants (les purges staliniennes, le procès de la RAF, celui des époux Ceausescu, le génocide rwandais) ou par des anecdotes d'abord dérisoires mais *in fine* fondatrices (comme le procès infligé par les dadaïstes à Maurice Barrès, qui réinventa le sens du happening et de la performance, si importants pour l'histoire des arts au XXe siècle, ou encore comme l'absence remarquable de procès intentés à des animaux, alors même que le bestiaire judiciaire avait cours jusqu'à des époques récentes et que la condition animale est devenue un enjeu de plus en plus pressant et débattu).

L'Histoire est une somme de faits saillants et recensés, et de parcours individuels marqués par des drames collectifs dont il ne reste rien que cette douleur individuelle – si perturbante pour les enfants argentins, par exemple, on le verra, adoptés après l'assassinat de leurs parents par les troupes du général Videla, à la fin des années 1970. Parcours individuels qui sont comme les gouttes d'eau qui participent au fracas de la vague sans être aucunement discernables, disait Leibniz[3]. Les procès permettent de déconstruire la vague et d'entendre à nouveau le bruit de chaque goutte – ce qui pourrait passer pour l'intention ou l'ambition de beaucoup d'œuvres littéraires.

Si l'Histoire, comme on sait, est écrite par les vainqueurs, nous postulons, avec ces comptes rendus, que le procès est peut-être l'un des moyens pour faire entendre d'autres voix. Ce qui se dit dans le prétoire, ce qui s'écrit dans les palais de justice, s'avère parfois d'une autre nature, d'un autre monde que celui des seuls tenants de l'histoire officielle. Le jugement rendu par la Cour ou par un jury n'est pas censé redire la propagande ou l'idéologie du temps. La tâche est immense, les pressions qui s'exercent parfois invisibles, insensibles, tant elles sont colossales. Chaque époque est un être hystérique qui ne lâche rien (voir le procès au pénal d'O. J. Simpson, innocenté quand tout l'accablait). Il est difficile de rester imperméable à l'air du temps – car il ne faut pas toujours l'être, et pas dans tous les domaines. Ce qu'il faut contrer, certainement, ce sont les *a priori* de son temps, qui sont peut-être la marque en nous des vainqueurs du moment. C'est la dramaturgie de tous les textes qui suivent : comment être pleinement de son temps sans être de celui des vainqueurs ? Comment accompagner la société dans toutes ses évolutions, qui contiennent intrinsèquement une intelligence qu'il nous appartient de voir, à laquelle il faut se raccorder si tant est que la vie nous intéresse, sans être pieds et poings liés à l'expression de ce changement et de ses outrances ?

Robert Badinter a un jour expliqué que dans son combat contre la peine de mort, il lui avait fallu aller contre l'opinion, contre la foule. Par chance, un jour, dans cette foule qui hurlait « À mort ! » parce que la police venait d'arrêter un homme qu'elle soupçonnait d'être l'assassin d'un enfant, il distingua Patrick Henry, qui s'avéra être le véritable assassin quelques semaines plus tard, et qui s'époumonait comme les autres, ce jour-là – on comprend bien pourquoi –, sur les images enregistrées par la caméra d'un journaliste. C'est cet élément que Badinter utilisera – suprême logique – afin d'obtenir la prison à vie – plutôt que la condamnation capitale – pour ce même Patrick Henry, car les jurés qui le condamnaient auraient pu tout aussi bien, sous la pression populaire, envoyer à l'échafaud l'innocent que Patrick Henry voulait voir à sa place, comme ils y avaient envoyé, quelques mois auparavant, Christian Ranucci qui demanda, en allant vers la guillotine : « Réhabilitez-moi. » Ce que fit Badinter en quelque façon, dans son célèbre discours du 17 septembre 1981, en affirmant à propos de l'affaire qui porta le nom de Ranucci : « Il y a trop d'interrogations qui se lèvent à son sujet, et ces seules interrogations suffisent, pour toute conscience éprise de justice, à condamner la peine de mort. »

Ce que dit en sous-main ce recueil : l'Histoire est faite de bruits et de fureurs, entendu, et de moments comiques – et ce sont parfois les mêmes. Le montage opéré dans les minutes du procès intenté par le Tribunal pénal international au général Tihomir Blaskic pour des crimes contre l'humanité commis entre mai 1992 et mai 1993 est à la fois édifiant, passionnant et hautement comique (arguties d'historiens sur le XIVe siècle croate, arguties de traducteurs sur la traduction du mot « subordination », etc.). Le déroulement, scrupuleusement suivi, du procès intenté à Bill Clinton recèle un autre type de mélange des genres, et la même complexité. Que disent ces montages, ces objets de langage issus des audiences hollandaises ou états-uniennes ? Qu'il est possible d'être en même temps saisi par l'importance de l'accusation et par un fou rire, à la lecture des méandres nécessaires mais fastidieux dans le cas de tels procès – le rire est la condition de la gravité. Il en va de même avec le procès intenté par une Argentine de 20 ans à ses parents « adoptifs ». Tous les soirs, trente années durant, ils lui auront servi la soupe, pour qu'à la fin elle les attaque en justice et les décrive devant la Cour comme des tortionnaires. Les parents-geôliers oscillent entre deux attitudes : traiter leur fille d'enragée, lui rappeler leur constant dévouement afin de prouver à la Cour leur innocence, et l'ingratitude de la plaignante. Familles, nous vous aimons, nous vous adorons.

Si le procès rend compte de l'état d'une société, c'est aussi qu'il en épouse les évolutions, les présupposés, les contradictions. Les affaires qu'il évoque reflètent les « affaires » de son temps, comme celle dite Péchiney ; elles se font aussi la caisse de résonance des valeurs, des croyances et des combats, la chambre d'enregistrement de ce qu'il advient à l'âme, au désir (comme le montre le procès fait au psychanalyste libertaire Wilhelm Reich), au corps – celui des femmes, notamment, ainsi que le rappelle le fait divers, emblématique de la conquête du droit à l'avortement, attaché au nom de Marie-Claire Chevalier en 1972. De même, l'idée de justice telle qu'elle se conçoit dans un contexte culturel donné (en Corse, par exemple, surtout dans les milieux proches du nationalisme) se montre parfois difficilement compatible avec la construction juridique républicaine : les critères de la justice se déplacent selon où l'on se situe, qui l'on est, avec qui l'on vit, et à quel moment de l'Histoire.

Au cours du XXe siècle, le procès est également devenu un spectacle. Ou plutôt, il s'est mis à entretenir avec le spectacle un rapport paradoxal : voire il put être, à l'image du cas Charles Manson, le spectaculaire procès de l'idée même de spectacle. Souvent médiatisé, retentissant, le procès est aussi susceptible, en France par exemple, de se dérober en même temps à la vue, la salle d'audience restant vierge de toute captation visuelle, hormis les fameux croquis judiciaires dont nous connaissons si bien les teintes, les traits, qu'ils en sont devenus un genre pictural à part entière. La « forme procès » est à la fois ce qui se donne en spectacle et ce qui y échappe. C'est là ce qui justifie qu'elle fut parfois une arme, une séquence cruciale dans le jeu des luttes, un tournant dans un conflit, ou le moment d'une rupture historique ; qu'elle fut, en tant que telle, le lieu et l'instrument d'une stratégie, ce dont témoigne ici le procès de Marwan Barghouti.

Les historiens ont coutume de faire commencer le XXe siècle avec le déclenchement de la première guerre mondiale, c'est-à-dire avec l'assassinat de l'archiduc François-Ferdinand, à Sarajevo en 1914, par Gavrilo Princip. Nous n'avons pas dérogé à cette règle. Nous avons, en revanche, sciemment contourné quelques marqueurs unanimement reconnus, les procès de Nuremberg ou d'Eichmann, par exemple, parce qu'ils font déjà l'objet d'une légitime et riche documentation, d'une littérature très abondante, qui les inscrivent dans la colonne vertébrale du siècle. Le choix chronologique s'est avéré plus délicat lorsqu'il s'est agi de poser une borne, forcément arbitraire, pour signifier une fin symbolique possible au XXe siècle. Nous n'avons pas retenu la périodisation du « bref XXe siècle », comme disait Eric Hobsbawm ; nous l'avons plutôt rallongé. C'est pourquoi le présent volume court, dans les faits, jusqu'à 2008, avec le procès opposant Lakhdar Boumediene, prisonnier du camp de Guantanamo, à George W. Bush. C'est que ce procès est relatif à l'après-11 septembre 2001, et que cette date nous a paru pouvoir marquer une fin effective du XXe siècle, tel qu'il se manifeste et infuse encore dans notre présent.

Chacun des textes ici assemblés constitue, en somme, une petite tentative d'interprétation du XXe siècle par son auteur, avec son regard singulier, sa sensibilité propre et son registre d'écriture. De l'agencement de ces approches, de cette vingtaine de reportages littéraires, de nouvelles documentaires, naît donc une histoire mineure, lacunaire, subjective, qui se présente comme un parcours à l'intérieur de l'Histoire ; comme une lecture possible du XXe siècle.

PROCÈS DE GAVRILO PRINCIP, OCTOBRE 1914

Mathias Énard

Il entre et c'est un singe. Petit, sombre, effrayé, les oreilles décollées, un tremblement dans l'épaule et la main droite, il s'assoit, ou plutôt on l'assoit assez violemment, un soldat autrichien le pousse sur le banc des accusés, ils sont huit, ils sont face à leurs juges, la salle est comble et respire bruyamment. Gavrilo Princip baisse la tête et tousse. Il croise les mains. Le singe s'habitue à l'environnement. Il se calme. Il n'a pas adressé la parole à ses compagnons de malheur. C'est un enfant. Le public et la Cour sont effrayés par sa jeunesse, par la grande jeunesse de cet animal.

C'est un animal, c'est un enfant et c'est l'assassin le plus célèbre de son temps.

*

En ce mois d'octobre il fait encore doux, la rivière est peu profonde et son débit plutôt lent ; les arbres caressent les ombres des minarets ottomans dans la lumière d'été. Si la ville n'avait pas été encaissée dans la vallée, on entendrait le canon tonner. Les alliés serbes et monténégrins sont tout proches. Nous savons qu'ils ne prendront pas la ville, et que dans quelques mois ils seront défaits par la furie conjointe des Autrichiens et des Allemands. Au moment où s'ouvre le procès des assassins de Sarajevo, tout le monde a peur, le front est à 40 kilomètres de la caserne qui abrite les débats et le public n'ose pas regarder dans les yeux le singe responsable du massacre.

*

Ce n'est pas le procès de la guerre qui s'ouvre aujourd'hui. C'est celui d'une bande d'activistes, d'extrémistes et d'ennemis de l'Empire, dont le premier a lancé sur la voiture impériale une bombe artisanale composée de dynamite et d'un détonateur chimique camouflée dans un paquet cadeau, le second a tiré plusieurs coups de feu à l'aide d'un automatique Browning modèle 1909 chargé de cartouches de 7,65 mm sur les corps impériaux jusqu'à ce que mort s'ensuive, le troisième a été arrêté en possession d'une bombe tout aussi artisanale de la même fabrication et le quatrième, le cerveau comme on dit, avait dans ses poches, au moment de son arrestation, un pistolet de marque Mauser et un revolver de fabrication russe. Les quatre autres sont des comparses vite dénoncés par le cerveau. Tous étaient en possession de capsules de cyanure, certains les ont utilisées sans succès, d'autres n'en ont pas eu le temps, ou étaient trop lâches, ou trop au courant du genre d'agonie provoquée par le poison pour s'en servir.

*

Dans son allocution préliminaire, l'accusateur Wirth rappelle les faits. Il écorche volontairement les noms serbes, les crache plus qu'il ne les prononce. Il parle du sang impérial versé, de l'ignoble Serbie qui se cache derrière les visages de ces exécuteurs. Il parle du sort réservé à l'anarchiste italien qui assassina d'un coup de couteau l'impératrice Sissi et dont la tête, nageant au milieu d'un bocal de formol, est bien conservée dans le hall d'un hôtel suisse où elle fait les délices des enfants et de leurs nourrices.

L'accusateur Wirth demande la peine de mort pour ses accusés ; il est sûr de l'obtenir.

*

Il fait très lourd l'après-midi du 17 octobre, le temps est à l'orage. Le public regarde s'accumuler les nuages noirs sur les hauteurs de Sarajevo pendant que les experts de la police reconstituent, avec l'aide des témoins, les différents moments du drame. Tragédie en deux actes, premier attentat manqué, deuxième attentat réussi, grâce à Dieu disent les uns, faute à pas de chance disent les autres. Pour la première fois dans un procès autrichien on projette par un système optique des photographies des corps après l'attentat. Le visage de la belle Sophie, noblement tourné vers la mort, émeut. La salle soupire et murmure. Le chapeau de l'archiduc, qui aurait dû faire sourire, émeut lui aussi. L'accusateur Wirth lance une diatribe patriotique alors que les premiers coups de tonnerre retentissent sur la montagne.

*

Interrogés, les accusés reconnaissent les faits. Gavrilo le jeune singe répond oui à toutes les questions. Quand on lui demande ses motivations il répond tranquillement « pour libérer mon peuple du joug autrichien ». La salle enrage. Les comploteurs sourient.

*

L'accusateur Wirth regrette, au moment de son réquisitoire, que le public ne soit composé que de soldats, d'accusés, et de personnel du tribunal. Il aurait aimé avoir tout l'Empire devant lui. Il invente la radio, la télévision et même Internet en imagination. Il réclame la peine de mort, et comme il faut bien préciser, vu les circonstances, la peine de mort sera administrée par pendaison par le cou.

*

21 octobre. L'avocat de la défense fait remarquer que cinq des accusés étaient mineurs au moment des faits et qu'il ne peut donc pas pour eux être question de peine de mort. L'accusation et la Cour (deux généraux, un colonel) froncent les sourcils. Princip ? Le singe s'échappe. Mais est-on bien sûr de sa date de naissance ? Né le 25 juillet 1894 d'après son extrait de naissance. Cet extrait de naissance a été admis par le tribunal dans son acte d'accusation, insiste l'avocat. Vous ne pouvez pas le réfuter maintenant. L'accusateur Wirth demande un ajournement.

*

28 octobre. Malgré tous les efforts de l'accusation (retourner sur les lieux de naissance des accusés pour voir si le certificat de baptême ou tout autre document ne contredirait pas l'extrait de naissance, vérifier tous les registres pour y déceler une possible falsification ou erreur de copie, essayer de trouver au dernier moment des témoins prêts à contester l'âge, non pas du capitaine, mais de l'assassin le plus célèbre et (en Bosnie du moins) le plus populaire de son temps) l'âge des prévenus doit être considéré par la Cour comme étant celui indiqué par leur extrait de naissance. Comme si un assassin ne pouvait pas mentir sur son âge, dit l'accusateur.

Le juge admet que le papier timbré, impérial et collationné coûte à Gavrilo Princip les joies de l'échafaud, ainsi qu'à trois autres de ses complices.

*

Nous allons lui trouver une belle geôle bien humide, ne vous inquiétez pas. Je suis même sûr qu'il mourra de sa maladie avant qu'on n'exécute ses camarades, dit un des juges à l'accusateur général. Vous n'allez pas prendre le risque de le laisser près de Sarajevo, intervient l'avocat de la défense, un soldat lui aussi. Non bien sûr. Le gouverneur général pensait s'en débarrasser au bénéfice de la Bohème, ajoute le troisième juge. À Theresienstadt, pour être précis. Où cela se trouve-t-il demande le second juge. À côté de Prague, je crois, répond l'avocat de la défense.

*

Verdict : trois condamnations à mort et cinq à perpétuité, dont Gavrilo Princip. Le singe quitte la salle en souriant.

*

3 février 1915. La cour de la prison est recouverte de neige gelée, mais Veljko Cubrilovic, Danilo Ilic et Misko Jovanovic ne pensent sans doute pas au froid, ni aux progrès de la guerre devenue mondiale. Ils regardent l'échafaud bien dressé, les trois cordes, les soldats et leur dernière nuit d'hiver se fondre dans l'aube.

*

28 avril 1918. Il a toussé une dernière fois, et il est mort, a dit l'infirmier. Bon débarras, a dit le médecin de la prison. Oui, a répondu l'infirmier, avant de jeter un coup d'œil à l'extérieur, vers la rivière et les collines de Bohème. C'est bête tout de même, on sent le printemps qui approche, a ajouté l'infirmier.

Au moment de sa mort, le jeune singe Gavrilo Princip pesait moins de 40 kilos.

PROCÈS DE MAURICE BARRÈS PAR LES DADAÏSTES, MAI 1921

Thomas Clerc

Le 13 mai 1921, les Dadas se réunissaient pour juger Maurice Barrès, accusé de « crime contre la sûreté de l'esprit ». La soirée, annoncée dans la presse, eut lieu à la salle des Sociétés savantes. L'idée du procès de l'écrivain nationaliste et antidreyfusard incombe à Breton et Aragon, qui jouèrent l'un le rôle de président du tribunal, l'autre le rôle de la défense [4].

Les Dadas avaient déjà, dans un numéro de *Littérature*, noté Barrès. Les bonnes notes : Aragon 14, Breton 13, Drieu la Rochelle 16 (*sic*) furent heureusement contrebalancées par Éluard -1, Ribemont-Dessaignes -23 ou Tzara -25. Arrivant à une moyenne de 0,45, Barrès, un peu mieux noté que Gide (-0,81) ou que Claudel (-2,81) apparaît donc, pour l'avant-garde, comme un personnage contradictoire : les dadaïstes « purs » l'ignorent ou le haïssent, mais Breton et Aragon, bien qu'ils aient manifestement un compte à régler avec cette figure de mauvais père, le portent haut : dans les années 1950, Aragon-Staline se dira d'ailleurs « barrésien » ; quant au « pape du surréalisme », il jouit de fustiger un tyran, *castigat ridendo Barrès*. Mais en mars 1921, les Dadas sont encore des adeptes du jeu de massacre organisé.

Si l'enjeu idéologique du jugement Barrès paraît clair, la forme « procès », adoptée pour la circonstance, mérite réflexion. On peut y voir un goût pour les tendances judiciaires de l'avant-garde, désireuse de condamner la littérature marchande officielle. J'interpréterais pourtant ce procès comme une forme d'action spécifique, esthétique et morale, qui coiffe différentes pratiques, à l'instar de l'art dit de performance. Si la présence de documents (qui s'affirmera comme l'un des traits spécifiques de la performance) nous renseigne, comme les minutes de procès, sur le déroulement de cette mémorable soirée, il est difficile de dire comment les choses se passèrent exactement. Les dépositions des témoins furent-elles apprises par cœur ou improvisées ? Comment furent-elles transcrites ? Où situer la limite entre jeu et délire ?

Le procès est un rituel social performatif : des paroles y induisent des actes graves. Si la dimension sérieuse du « procès Barrès » s'efface en raison du contrat ludique que constitue la parodie, elle ne s'efface pas complètement. Tels des enfants concentrés sur leurs procédures de jeu, les Dadas ont élaboré leur entreprise dans les règles : la reconstitution d'un procès à l'identique, avec répartition des rôles, costumes, tours de parole, mise en scène, etc., témoigne d'un sérieux qui n'exclut pas le comique. Les Dadas sont passés maîtres d'un type d'humour qui m'a toujours exalté, celui qui consiste à maintenir un premier degré dans les assertions proférées. L'humour dada, terroriste au bon sens du terme, comporte une part non humoristique. Oscillant entre plusieurs degrés de discours, le « procès Barrès » est une performance rhétorique. Il va néanmoins bien au-delà, dans la mesure où se trouvent nouées deux tendances *a priori* contradictoires, subversion et divertissement[5].

L'avant-garde n'a cessé de prendre le régime performatif pour modèle d'action : manifestes, programmes, instructions, procès, toute cette *mimèsis* d'actes de discours authentiques est l'un des moyens les plus sûrs pour briser les frontières entre l'art et la vie. La scène judiciaire dessine un cadre discursif et physique – précision sadienne du dispositif – qui fait de tout procès un théâtre de la cruauté. En l'occurrence, la simulation du prévenu par un mannequin d'osier est la forme matérielle de cette violence. Pour démasquer ce falsificateur de la pensée qu'est Barrès, les Dadas ont mis en œuvre une véritable imposture créatrice. La restitution exacte de la forme procès est l'idée-force de ce qu'il faut bien appeler une performance [6].

Quelle est la différence entre happening et performance ? Sur ce point capital, le flou, bien qu'on ait intérêt à distinguer ces deux pratiques nées au XXe siècle dans le sillage des avant-gardes, demeure. Pour Allan Kaprow, l'inventeur du terme « happening », ce dernier se caractérise par un certain nombre de traits qui recouvrent indifféremment le champ de la performance et de « l'événement » [7]. Proposant un réexamen des deux termes, je définirais *a priori* le « procès Barrès » comme une performance, l'une des plus exemplaires que Dada ait réalisées. Cette manifestation résulte tout d'abord d'une *idée*, qui va donner sa forme à l'acte : il s'agit de juger un homme et à travers lui une attitude, le reniement. Barrès, comme nombre d'écrivains réactionnaires, eut d'abord une phase anarchisante qui influença les jeunes générations. Après *L'Ennemi des lois*, effrayé par la pente où l'emmène son nihilisme de salon, il opère une conversion complète au nationalisme pour devenir le VRP du culte des morts, de l'antisémitisme et de l'armée. C'est ce point de rupture qui intéresse les instigateurs de l'affaire : pourquoi un homme se range-t-il ? Au-delà de l'attaque *ad hominem*, ce procès est aussi celui de l'ironie française, légère et inoffensive (représentée par un Anatole ou, plus tard, un Giraudoux) qui sépare divertissement et subversion.

S'il est logique de juger Barrès, encore faut-il le faire de manière dadaïste, en trouvant une forme adéquate. En parodiant fidèlement le tribunal, cette institution garante de l'inégalité sociale, les Dadas ont retourné le jugement contre les juges établis du monde littéraire et politique. Mais cette opération polémique invente un nouveau mode de présence scénique : imitant le genre judiciaire (genre premier de la rhétorique), les Dadas en minent le code, non par un recours à la fiction dramatique mais à la performance, plus à même de détruire l'académisme théâtral. Dans la performance, nombre d'éléments agissent en effet *contre* le théâtre [8].

Tout d'abord, l'espace : la performance eut lieu dans une salle dont la vocation pédagogique fut, pour lors, détournée. Le procès Barrès est aussi celui d'un certain savoir qui institue Barrès en détenteur de capital symbolique et limite l'accès du monde de l'art aux intellectuels autorisés. Nouveaux iconoclastes, les Dadas ont révolutionné le champ littéraire en bouleversant les règles du jeu antérieur, preuve que la part didactique n'est pas absente de la performance. Deuxièmement, le non-professionnalisme des actants. À la différence du théâtre, qui glorifie la compétence, la performance revendique une certaine absence de savoir-faire. Genre démocratique, pratique ouverte à tous, sa réussite ne dépend pas de seuls critères esthétiques. Les débordements de ce fatal vendredi 13 en témoignent, le *live* accepte les ratés : comme au tribunal, les échanges verbaux des protagonistes furent en partie inintelligibles et l'attention flottante. Troisième point, l'unicité de la représentation : le « procès Barrès » anticipait sur l'une des lois génériques édictées par Kaprow, « il ne faut pas représenter un happening plus d'une fois » [9]. La performance s'abolirait donc dans un moment unique : juger Barrès fut pour Dada une question de moment opportun, de *kaïros*, qui concernait autant le destin du prévenu et des organisateurs que celui de la scène artistique française.

Last but not least, la performance, à la différence du théâtre, accepte d'être excédée. La dépense dionysiaque activée dans la performance est sans commune mesure avec celle du théâtre, fût-il de la cruauté. C'est bien ce qui s'est passé ce 13 mai 1921, si l'on en croit les réactions des médias, qui dressèrent un tableau outragé de la soirée, à la hauteur de la gifle reçue [10]. Scandaleux, le spectacle fut considéré comme une insulte au bon goût, notamment à cause des prestations de Tzara et de Benjamin Péret, qui firent basculer la performance du côté du happening, c'est-à-dire de la préparation méticuleuse à l'improvisation déchaînée. Tzara, dans la pure tradition dada, réactiva le genre « happening » initié par Marinetti [11], en créant à l'intérieur du cadre prévu un événement qui jouait avec ses limites. Refusant le côté trop sérieux du procès – idée qui ne lui plaisait guère en regard des idéaux dadaïstes qu'il estimait menacés par le devenir-procureur de Breton –, Tzara se produisit en qualité de témoin, mais sa déposition, désopilante, suscita les réactions contrastées du public et du tribunal. Le second événement, dont j'ignore s'il fut préparé ou s'il relève de la seule autorité de Péret, mit le feu aux poudres. Péret apparut à la fin des débats déguisé en soldat allemand, un masque à gaz sur la tête, en déclarant qu'il était le soldat inconnu. Provoquant un tonnerre de protestations, il quitta la salle sous les huées en imitant la marche au pas de l'oie tandis que la fraction patriote du public entonnait *La Marseillaise*. La soirée connut donc des variations de rythme intenses, dues au mélange entre les niveaux dramatique et participatif, propre à la performance. Celle-ci, organisée avec soin, dérapait vers le happening puisque certains actants, scène et salle confondues, s'en approprièrent le script.

L'institution d'une différence théorique entre « performance » et « happening » paraît donc indispensable puisque celui-ci, ne relevant pas d'un cadre aussi ritualisé que la performance, ne produit donc pas les mêmes effets. Dans le happening, la marge de manœuvre créatrice, infinie, plurielle, comporte, à la différence de la performance, une part de réactivité et d'improvisation[12]. Le happening tient compte du contexte *hic et nunc* tandis que la performance cherche à l'anticiper. Ainsi lorsque Picabia, présent dans la salle, décida de quitter le procès avant son terme pour montrer son désaccord avec celui-ci, il le fit savoir bruyamment et entraîna avec lui une partie de l'assistance – forme courante de happening qui consiste à contester le spectacle. Lors de cette folle soirée, la performance fut donc remodelée par divers happenings actualisés qui par les acteurs, qui par le public. Inopinément greffée sur un scénario préétabli, la part maudite, imprévisible du procès transforma celui-ci en processus. On peut lire le « procès Barrès » comme le lieu de rencontre explosif entre performance et happening, préfigurant le passage en force du dadaïsme au surréalisme.

Pour la plupart des commentateurs, le « procès Barrès » fut un échec qui devait signer l'implosion de Dada, amorcer la rupture des relations Tzara/Breton et la transformation du dadaïsme en surréalisme, mouvement plus « français », moins subversif. Mais en insistant sur les querelles de personnes, les spécialistes sous-estiment l'apport spécifique du dadaïsme à l'histoire de la performance. L'interprétation classicisante du « procès Barrès » en termes d'échec mécomprend ce qui s'est joué : le passage du théâtre au régime performanciel, où la présentation l'emporte sur la re-présentation, pilier de l'esthétique occidentale. L'importance décisive du « procès Barrès » tient certes à la justesse historique de ses enjeux (Barrès est un personnage ignoble, dont le modèle renaît, sous d'autres noms propres, à chaque génération), mais surtout à l'activation d'un nouveau genre artistique, la performance, dont on ne peut plus ignorer l'histoire. La performance est l'un des arts majeurs du XXe siècle : le coup de génie dadaïste est de lui avoir donné une résonance immédiatement sociale en l'indexant sur la forme « procès », qui tient à la fois du script et de l'imprévu. En jouant sur un double tableau, esthétique (actualisation d'un genre nouveau) et politique (accusation d'un idéologue funeste), les Dadas ont réalisé un coup de théâtre unique : ils ont configuré la performance et le happening pour l'avenir. Barrès a été condamné à vingt ans de travaux forcés. À qui le tour ?

PROCÈS DES ENNEMIS DU PEUPLE, 1927-1956

Christophe Manon

Demande aux femmes de mon temps,
Bagnardes, « cent-cinq », prisonnières,
Et nous te raconterons tout :
Que la peur nous abrutissait,
Que nous élevions des enfants
Pour la prison, la torture et la mort.
Anna AKHMATOVA

En 1927, le 25 février précisément, un article comportant 14 alinéas et qui sera appliqué dans des proportions considérables est instauré dans le code pénal de la très glorieuse République socialiste fédérative soviétique de Russie (RSFSR). Il s'agit de l'article 58, de sinistre mémoire. Destiné à mettre hors d'état de nuire les personnes soupçonnées d'activités contre-révolutionnaires, il introduit dans le droit pénal la notion fondamentale d'« ennemis du peuple ». Toutes les actions contre le régime, réelles ou supposées, tombent alors sous le coup de cette disposition : la trahison (58-1), l'espionnage (58-6), le sabotage (58-9), la rébellion armée (58-2), les contacts avec un État étranger à « des fins contre-révolutionnaires » (58-3), « l'assistance à la bourgeoisie internationale » (58-4), « l'omission de déclarer des crimes contre-révolutionnaires engagés ou en préparation connus » (58-12) ainsi que toutes sortes « d'activités organisationnelles visant à la préparation ou à la commission de ces crimes » (58-11) [13]. Les peines pouvaient aller jusqu'à vingt-cinq ans d'emprisonnement et étaient fréquemment étendues pour une période indéterminée sur simple décision d'un tribunal composé de trois personnes, une « troïka » comme on disait alors, dont le nom officiel était OSO pour *Osoboe sovescanie* (Commission spéciale). Suffisamment vague pour engager une procédure contre tout individu considéré comme suspect par les autorités, cet article crée toutefois une nomenclature particulièrement précise et détaillée, distinguant ainsi parmi les « ennemis du peuple » les traîtres à la patrie, les bourgeois nationalistes et séparatistes, les agents de la bourgeoisie internationale, les espions, les terroristes et les saboteurs de l'économie. Il va de soi qu'on pouvait être inculpé d'après plusieurs alinéas, l'un des plus graves chefs d'accusation étant de voir apposer sur son dossier le sigle KRTD[14] (*Kontr-revolutioutsionnaïa trotskistskaïa deïatelnost*, activité contre-révolutionnaire trotskiste) qui s'accompagnait de « directives spéciales » particulièrement explicites à l'intention de l'administration pénitentiaire comme « à n'utiliser qu'à des travaux physiques pénibles ». Plusieurs fois revu et amendé, l'article 58 est étendu avec la loi du 8 juin 1934 qui prévoyait notamment la peine de mort pour « trahison de la patrie » et introduisait la responsabilité collective des familles pour les actes d'un de leurs membres (sigle Tch.S., *Tchlen sémi*). Cet arsenal juridique, comme on dit de nos jours, sera l'outil privilégié du NKVD pour ordonner arrestations et exécutions lors de la période de répressions massives dans la seconde moitié des années 1930, toute personne perçue comme une menace potentielle pour le régime étant systématiquement poursuivie et aspirée dans un système tentaculaire. Mais cet article aura encore de beaux jours devant lui, et il faudra attendre la mort du « petit père des peuples », survenue le 5 mars 1953, puis la rupture officielle avec le stalinisme au cours du XXe Congrès du Parti communiste de l'Union soviétique en 1956 pour que la plupart des anciens inculpés soient progressivement réhabilités.

Mettant en place un mécanisme inexorable d'arrestations arbitraires et d'interrogatoires fallacieux, l'article 58 a surtout contribué, avec une perversité très subtile et délibérée, à effacer les frontières déjà fort poreuses entre innocents et coupables. C'est la bonne vieille doctrine de Nikolaï Krylenko, théoricien de la « légalité socialiste », qui fut procureur général de la RSFS de Russie avant d'être emporté par la vague de répression, dont il était l'un des instigateurs, et éliminé en 1938 : « Nous ne devons pas seulement exécuter les coupables. L'exécution des innocents impressionnera bien davantage les masses [15]. » Le massacre de milliers de gens en toute impunité ne fut justement possible que parce qu'ils étaient innocents. Comme l'écrit Varlam Chalamov dans ses terribles et très instructifs *Récits de la Kolyma* :

> Le gouvernement se créait des ennemis imaginaires, avec lesquels il réglait ses comptes comme s'il s'était agi de vrais ennemis, les fusillant, les tuant, les faisant mourir de faim. La faux mortelle de Staline fauchait tout le monde sans distinction, tous ceux qui étaient voués à la liquidation selon des listes et des plans à réaliser [...] Tous étaient des gens pris au hasard, des indifférents, des lâches, des médiocres et même des bourreaux, et c'est par hasard qu'ils sont devenus des victimes [16].

Le hasard, l'arbitraire, voilà donc les véritables maîtres de ce dispositif aux implacables rouages. Mais au fond, aux yeux de la loi et du régime, tout le monde est suspect, donc potentiellement coupable, beaucoup plus que n'importe quel prisonnier de droit commun. Considérés comme des

« amis du peuple », ces derniers devaient être rééduqués et non châtiés ; craints par les autorités qui leur déléguaient une partie des fonctions répressives sur les « politiques », ils jouissaient d'une situation privilégiée et échappaient ainsi aux travaux les plus pénibles. Tout le monde, c'est-à-dire n'importe qui : hommes, femmes, jeunes, vieux, de toutes les catégories sociales, jusqu'aux collectionneurs de timbres et aux espérantistes convaincus de « cosmopolitisme ». À partir de 1942, lorsque les troupes russes commencent à repousser les Allemands, à cette innombrable cohorte de « 58 » et de « siglards » qui végètent en camp ou pourrissent dans les fosses communes, s'ajoutent les prisonniers de guerre soviétiques rapatriés qui furent condamnés à des peines allant de dix à vingt-cinq ans de travaux forcés pour « trahison de la patrie » puisqu'ils ont préféré se rendre plutôt que se battre jusqu'à la mort. Une répression d'une telle envergure, couvrant un si large spectre de la population, n'est donc, on s'en doute, ni une question d'opinion ni une question d'acte : la moindre blague, le plus petit retard à son poste, la plus infime faute professionnelle, des faits que l'on pourrait qualifier d'anecdotiques, absurdes et sans intérêt (avoir posé une veste sur un buste de Lénine parce qu'il n'y avait pas de portemanteau dans la pièce ou avoir enveloppé du poisson dans un journal représentant Staline), voire la dénonciation d'un voisin jaloux ou d'un conjoint ou simplement parce que les sections locales du GPU-NKVD avaient un « plan d'arrestations » à tenir[17], suffisait à se voir « coller une affaire », montée de toutes pièces avec de faux témoins calomniateurs, et expédier dans les camps du Goulag pour de nombreuses années. Après les grandes purges de 1937-1938, il y eut même, pourquoi s'arrêter en si bon chemin, la fameuse « épuration des épurateurs » qui frappe à leur tour une grande partie des membres de la police secrète et des magistrats instructeurs. On trouve toujours des tortionnaires disposés à torturer les tortionnaires.

Le propos n'est pas d'analyser ici les causes d'un tel emballement judiciaire (la paranoïa d'un régime, la volonté d'assurer la pérennité d'une révolution fragilisée par les luttes internes, etc.) ni d'entrer dans des polémiques comptables sur le nombre de personnes concernées, les statistiques sont trompeuses et ne disent rien des épreuves endurées. Il est impossible de rendre compte des souffrances, de la détresse et du désarroi, impossible de comprendre les sentiments de ces malheureux, coupables ou non, leur indignation, leur incompréhension face à la flagornerie, au mensonge, aux petites et grandes lâchetés, leur peur, la perte de tout sentiment humain, l'esprit brisé, terrorisé à jamais, des plaies morales impossibles à cicatriser ; l'amitié, l'amour, l'énergie, le talent : tout cela corrompu, piétiné et détruit. Ce qui compte, c'est la trajectoire de chacun, l'infinité des tourments vécus et supportés, la faim, le froid, les coups, le travail harassant, la maladie. Malheureusement, parmi les innombrables procédures qui n'ont pour ainsi dire pas eu lieu – puisque les séances se sont déroulées pour la plupart à huis clos, sans débat contradictoire, au terme d'une instruction à charge, rapide et truquée, sous des chefs d'accusation absurdes ou vagues –, parmi les innombrables aveux extorqués sous la contrainte physique et morale, parmi les innombrables individus ainsi bafoués, battus, interrogés, humiliés, outragés, reniés par leur famille, martyrisés, torturés, fusillés ou déportés, morts d'épuisement dans les centres de transit ou aux camps, sans accusation motivée ni enquête, d'après la sentence d'un obscur juge d'instruction ou d'un bureaucrate zélé, parmi ces « montagnes de tragédies, de destinées humaines qui se brisaient subitement et brutalement »[18], on ne peut mentionner que quelques cas, citer quelques noms qui n'ont pas été totalement oubliés, considérer un bref instant leur sort funeste.

Ainsi est mort le 27 décembre 1938 à 47 ans Ossip Mandelstam, poète et essayiste, auteur d'une épigramme contre Staline, poème somme toute assez mineur dans son œuvre magistrale, considéré toutefois comme un « document contre-révolutionnaire sans exemple » par le quartier général de la police secrète et qui lui vaut une première arrestation en 1934[19]. Il est alors exilé à Tcherdyne puis à Voronej. Dénoncé par le secrétaire général de l'Union des écrivains socialistes pour ses nombreux séjours clandestins à Moscou, il est de nouveau arrêté en mai 1938, lors de la période des grandes purges, et condamné à cinq ans de travaux forcés. Épuisé et malade du typhus, il meurt dans la prison de transit de Vladivostok, pendant le voyage qui le conduit à la Kolyma, dans la région du Grand Nord de l'Extrême-Orient russe. Son corps est jeté dans une fosse commune.

Mort également le 2 février 1940 à 66 ans, Vsevolod Meyerhold, acteur et dramaturge, directeur du théâtre de la Révolution, accusé de trotskisme et d'espionnage (article 58, alinéas 1-a et 2), arrêté, torturé, contraint d'« avouer » sa culpabilité et fusillé en secret. La veille de son exécution, il fait devant le tribunal du collège militaire de la Cour suprême de l'URSS cette stupéfiante et pathétique déclaration, révélatrice de la sidération et du désarroi des inculpés face aux méthodes d'investigation alors en vigueur :

> Il est étrange qu'un homme âgé de 66 ans n'ait pas mis dans sa déposition ce qui était nécessaire à l'instruction et qu'il ait menti sur son

> propre compte uniquement parce qu'on le rouait de coups avec une matraque en caoutchouc. Il a alors décidé de mentir et de marcher au bûcher. Il n'est coupable de rien, il n'a jamais été traître à sa patrie. Sa fille est une communiste qu'il a lui-même éduquée. Il pense que le tribunal comprendra et aura la conviction qu'il n'est pas coupable [...] Il demande au tribunal de prendre en considération le fait que, bien qu'il ait 66 ans, il a encore suffisamment d'énergie pour réparer ses fautes là où il s'est trompé et où il a commis des erreurs [20].

Il n'est réhabilité qu'en 1955.

Mort le 26 janvier 1943 à l'âge de 55 ans, Nikolaï Vavilov, éminent botaniste et généticien, arrêté le 6 août 1940 et condamné à mort le 9 juillet 1941 par le Collège militaire de la Cour suprême de l'URSS pour « participation à une organisation antisoviétique, sabotage et espionnage ». Le 23 juin 1942, ce verdict est commué à vingt ans de prison par une décision singulièrement clémente du Præsidium du Soviet suprême, peut-être survenue à un moment de relatif dégel comme il y en eut parfois. Il décède de dystrophie, conséquence de la sous-alimentation, à la prison de Saratov.

Mort le 15 mars 1938 à 49 ans, Nikolaï Boukharine, révolutionnaire, bolchevik puis membre du parti communiste. Inculpé lors des procès de Moscou, il est contraint d'avouer ses « crimes » avant d'être exécuté. Son épouse, Anna Larina, a passé près de vingt ans dans les prisons internes du NKVD, les isolateurs politiques, les camps et la relégation. Son fils, nommé Iouri Larine, alors âgé de moins de 2 ans, est envoyé en orphelinat sous le pseudonyme de Gusman, le nom de sa tante maternelle. Il n'a retrouvé sa mère qu'en 1956. Svetlana, sa fille née en 1924, est arrêtée en 1949. Son frère, Vladimir, a passé dix-huit ans dans les camps et en exil. Quant à sa cousine et première épouse, Nadejda Loukina, et à son cousin, ils sont tout bonnement liquidés.

Mort aussi, fusillé le 4 février 1940 à Moscou à 44 ans, Nikolaï Iejov, surnommé « le nabot sanguinaire », chef suprême du NKVD de septembre 1936 à novembre 1938 et à ce titre principal artisan de la mise en œuvre des grandes purges staliniennes. Sa tâche accomplie, il tombe en disgrâce comme nombre de ses collaborateurs. Ses derniers mots sont une sorte de déclaration d'amour mélancolique pour son ancien mentor : « Dites à Staline que je meurs avec son nom sur mes lèvres [21]. » Combien de malédictions ont poursuivi cet homme jusque dans la tombe ?

Ainsi s'en vont les bourreaux, tués par d'autres bourreaux le moment venu. Leur destin n'est au bout du compte guère plus enviable que celui de leurs victimes innocentes : tous égaux face à la répression sanglante, tous au fond du même trou. Que la terre leur soit légère. D'autres furent toutefois sensiblement moins infortunés, si l'on peut s'exprimer ainsi, et parvinrent à survivre aux longues années de privation de liberté et de travaux forcés, mais leurs jours ne furent qu'une succession d'expériences douloureuses dont certains ont tâché de témoigner, faisant preuve pour cela d'une ténacité exceptionnelle.

Ainsi, Evguénia Guinzbourg, membre du Secrétariat régional du parti communiste de Tatarie et du Comité exécutif central des soviets, mère de l'écrivain Vassili Axionov. Exclue du Parti, elle est arrêtée le 15 février 1937. Au terme de longs mois d'instruction, elle est condamnée à dix ans de réclusion en cellule d'isolement, avec retrait des droits civiques pendant cinq ans, pour « activité trotskiste contre-révolutionnaire ». En 1939, sa peine est commuée en dix ans de travaux forcés à la Kolyma, au camp pour femmes d'Elguen. Libérée en 1947, elle doit attendre 1955 pour être réhabilitée. Son autobiographie en deux volumes, *Le Vertige* et *Le Ciel de la Kolyma*, revient sur ses nombreuses années de réclusion [22].

Ainsi, Anna Akhmatova, poétesse, amie de Mandelstam. En 1921, son ancien époux, Nikolaï Goumilev, poète également, est arrêté pour « complot monarchiste » dans une affaire montée de toutes pièces par la Tchéka. Leur fils, Lev Goumilev, est déporté en camp de 1938 à 1956, avec une brève parenthèse pendant la seconde guerre mondiale durant laquelle il intègre l'Armée rouge. Nombre de ses poèmes, dont le célèbre recueil *Requiem*, témoignent du désespoir de ces femmes qui se débattent contre un système pour tenter de sauver leurs proches et qui se rendent chaque jour aux portes des prisons pour adresser des requêtes ou tenter de s'entretenir avec les leurs ou de leur faire parvenir un colis. « Et même dans la mort bienheureuse, j'ai peur / D'oublier le roulement des noirs fourgons de terreur [23]. »

Ainsi, Varlam Chalamov, auteur d'une œuvre monumentale sur l'univers concentrationnaire, arrêté une première fois le 19 février 1929 pour avoir diffusé le fameux *Testament de Lénine* dans lequel celui-ci fait part de ses réticences à l'égard de ses potentiels successeurs Staline et Trotski, il est envoyé pour trois ans dans un camp situé sur la Vichéra [24], rivière du Nord-Ouest de l'Oural. De retour à Moscou en 1932, il est de nouveau interpellé le 1er janvier 1937 pour « activité trotskiste contre-révolutionnaire » lui aussi, condamné à cinq ans et envoyé à la Kolyma. En 1943, il écope peu avant sa libération d'une nouvelle condamnation, de dix ans cette fois, pour « propagande antisoviétique » parce qu'il a ouvertement considéré Ivan Bounine comme un classique de la littérature russe. Libéré en 1951, il ne peut revenir à Moscou avant sa réhabilitation en 1956. Il aura passé au total dix-sept ans en captivité.

Etc., etc., etc. Autant de cas, autant de singularités, autant de vies brisées et délaissées sur le bord de la grande voie du communisme d'État. Mais il faudrait surtout nommer ceux qui n'ont pas de « renommée », les oubliés, les anonymes dont il ne reste qu'un dossier carcéral et peut-être quelques photos anthropométriques, disparus à jamais dans les décombres de l'Histoire. Les uns « passés sous la montagne » (ensevelis), les autres « expédiés sur la lune » (disparus à jamais, envoyés dans l'autre monde), selon les expressions imagées alors en cours dans les camps [25]. *Memento mori.*

Rien de délirant ni d'irrationnel toutefois dans ce stakhanovisme judiciaire, ce climat de soupçon généralisé, de délation, de méfiance, de « vigilance » et de terreur. Aucune aberration dans ce déchaînement d'arrestations, de procès expédiés et truqués, juste le dévoiement d'un système bien huilé, l'obéissance aveugle, la servilité. Cette longue et terrible traque de l'homme par l'État n'était pas le fait de la fantaisie d'un unique tyran, sorte de Moloch exigeant sa part de sacrifices humains. Que retenir alors de ce véritable imbroglio organisé, dépourvu de sens, peut-être, mais parfaitement méthodique et méticuleux ? Que le pouvoir est une chose terrible, certes. Qu'il y a toujours eu des répressions et qu'il y en aura toujours, tant qu'il y aura des États, à n'en pas douter. Que le XXe siècle fut friand de massacres, tout le monde le sait. Que l'imagination des dirigeants et de leurs hommes de main, les « poètes du NKVD » [26], les esthètes de l'interrogatoire, les virtuoses de la délation, les artistes de la provocation, est sans limite, cela crève les yeux, si l'on peut dire. Mais ce n'est pas tout. La suspicion systématique et la logique répressive qui l'accompagne en général participent d'un processus qui peut devenir rapidement incontrôlable et mener aux pires dérives.

Ainsi, malgré le changement de régime, la défiance vis-à-vis des « agents de l'étranger » est toujours de rigueur dans la Fédération de Russie contemporaine. En 2012, une loi a été adoptée exigeant que les organisations non commerciales qui entreprennent une action politique et perçoivent des financements de l'étranger s'enregistrent au ministère de la Justice en tant qu'« agent ». Le gouvernement a également le droit d'intégrer d'office des organisations dans cette liste. En mai 2015, un texte encore plus précis est entré en vigueur au sujet des « organisations non désirées » : peut être reconnue comme indésirable toute organisation non gouvernementale étrangère ou internationale qui représente une menace pour les fondements de l'ordre constitutionnel de la Russie, de la défense du pays ou de la sécurité nationale. Un ajout dans cette liste prend moins de 24 heures et ne nécessite aucune décision judiciaire. Dans l'exposé des motifs, la loi stipule :

> Les conflits de politique interne, militaires et internationaux, qui, à l'heure actuelle, touchent de plus en plus le pays, ouvrent la voie au développement sur ces territoires d'organisations destructrices porteuses d'idées terroristes, extrémistes et nationalistes. Ces organisations poursuivent des buts criminels car elles causent un préjudice important à la communauté mondiale et stimulent l'émergence de nouveaux centres de tensions politiques, interethniques et interreligieuses [27].

Tout cela pourrait nous rappeler vaguement quelque chose. Il y a loin, bien sûr, et il faut être prudent, c'est entendu, les intentions et les institutions ne sont pas les mêmes, convenons-en. Les rapprochements hâtifs sont souvent contre-productifs. On ne peut toutefois s'empêcher de songer aux mesures pénales destinées à frapper les individus convaincus d'actes de terrorisme ou d'« atteinte aux intérêts fondamentaux de la nation » et qui pourraient bien se révéler désastreuses si elles venaient à tomber dans des mains malveillantes, sait-on jamais. « Ennemis du peuple », ennemis publics, ennemis de tous, il suffit de remplacer le terme par n'importe quel autre, le mécanisme demeure sensiblement le même car la peur est un instrument d'asservissement des foules et tous les moyens sont bons pour mettre hors d'état de nuire les individus politiquement suspects aux yeux d'une autorité. Mais qui oserait dire, en France, aujourd'hui, que les ennemis de notre très vénérable République, celle que nos hommes politiques de tous bords invoquent à longueur de discours comme une sorte de talisman magique, ne sont pas coupables ?

PROCÈS D'UNE JEUNE INSTITUTRICE RÉSISTANTE, ÉTÉ 1944

Stéphane Legrand

L'histoire se trouve, je crois, dans un livre intitulé *L'Aventure du politique*. Racontée par Julien Freund. Elle a, dans la simplicité troublante de son infamie, la beauté confuse d'un récit de rêve. À un moment indéterminé de l'été 1944, le chef du groupe FTP (des communistes, donc) auquel appartenait Freund, accusa sa maîtresse d'être passée du côté de la Gestapo (il s'agissait d'une jeune institutrice à qui il en voulait en réalité de l'avoir quitté), et la fit juger par un tribunal de fortune :

> Ce fut terrible. Elle était innocente et le tribunal la condamna à mort. Il y eut cette nuit d'épouvante où les partisans la violèrent dans une grange à foin. Et à l'aube, elle fut exécutée sur une petite montagne appelée Stalingrad [...]. On avait demandé des volontaires. Tous furent volontaires. J'étais le seul à ne pas y être allé. Après une telle expérience, vous ne pouvez plus porter le même regard sur l'humanité.

Il n'est pas étonnant que plusieurs parmi les habituels améliorateurs du genre humain (qui écrivent *Le Figaro* et les livres de Taguieff) aient vu dans cet événement sordide une excellente occasion de dénoncer pour la énième fois la propension innée des marxistes aux pratiques de terreur. Il faut dire aussi qu'il ne lui manque rien, à cette histoire, du procès sommaire à la sexualité bestiale dans l'odeur entêtante du foin fraîchement coupé (je supposerai, jusqu'à plus ample informé, que l'on coupe le foin en été et que son odeur est entêtante, choses qu'au vrai j'ignore). Il n'y manque pas même le surnom que donnaient Freund et ses camarades à la petite montagne sur laquelle la malheureuse institutrice fut assassinée, et qui vient opportunément offrir son pendant, dérisoire et honteux, à une escarmouche orientale homonyme.

En conséquence, on ne s'en étonnera pas.

Il serait tout aussi inintéressant de méditer douloureusement sur la « lâcheté des héros », en se sidérant bruyamment de ce que les gentils (des partisans, tout de même, pour communistes qu'ils aient été) s'avèrent parfois (mon Dieu !) méchants. On peut, en revanche, comme Julien Freund nous dit l'avoir fait, sauter sur cette opportunité de « ne plus pouvoir porter le même regard sur l'humanité », dorénavant, maintenant qu'on la sait (l'humanité) capable de choses pareilles – mais il faut reconnaître qu'une telle prise de conscience requiert généralement une certaine candeur préalable. (Je suis évidemment malhonnête.)

Pour moi, ce qui m'étonne le plus tout d'abord, c'est la présence du procès. Si l'on veut se venger de sa maîtresse, dans une période comme celle-là, il ne doit pas être bien difficile de lui couper la gorge dans un coin de bois, de l'éventrer dans une ruelle ou (si l'on est vraiment fâché, imaginatif et correctement équipé) de l'emmurer vivante dans un gourbi. C'est *a fortiori* le cas, si l'on est un chef et que l'on bénéficie de l'appui explicite ou tacite de son groupe. Or, Julien Freund déclare, sans plus de procès (et en ce qui me concerne, je le crois), qu'elle était innocente – il faut donc croire que la chose était obvie, et l'on est forcé de supposer que ceux qui se portèrent volontaires le savaient. Sans même mentionner le viol collectif qui, ne pouvant pas exactement compter parmi les procédures judiciaires recensées d'administration de la peine, fait d'eux tous et sans qu'ils puissent à l'évidence l'ignorer, des criminels solidaires dans leur crime. Alors pourquoi ? Pourquoi s'embarrassent-ils à donner *la forme* du procès à leur exécution sommaire ? La forme judiciaire en quelque sorte à l'état pur, tant précisément tout contenu adéquat en est absent, la forme brute et pour ainsi dire quintessenciée par sa dimension parodique même, du procès. Pourquoi, lorsqu'on sait pertinemment qu'on n'est rien d'autre qu'une horde de tueurs, que de surcroît les autres le savent, qu'on sait qu'ils le savent et qu'ils savent qu'on le sait, pourquoi éprouve-t-on le besoin, comme ces tristes individus le firent, de s'auto-intituler « tribunal du peuple » ?

Il y a quelque chose de profondément troublant, et peut-être inanalysable, dans cette tendance qu'ont les hommes – notamment placés dans ce qu'il est convenu d'appeler des « circonstances historiques » – à ne pouvoir se désigner à eux-mêmes leurs actions et leurs interactions, lors même qu'elles ne relèvent de *rien d'autre* que du pur rapport de force, qu'à travers le vocabulaire de l'idéologie. Je veux dire que la chose ne m'intrigue guère tant que cette idéologie sert effectivement à masquer à leurs consciences ou à celles des spectateurs la réalité de ces rapports de force, mais qu'elle devient fascinante lorsque ladite idéologie ne masque plus rien, lorsque tout le monde *sait* à quoi s'en tenir. Pourquoi continuer à jouer le jeu de la justice, lorsque le fait qu'il ne s'agit que d'un jeu est devenu un secret de Polichinelle ? Pourquoi produire des justifications lorsqu'elles ne justifieront rien aux yeux de personne ? Les secrets de Polichinelle constituent la chose la plus fascinante du monde : ils présentent le cas d'un mensonge (direct ou par omission) auquel personne ne croit, et dont nul n'ignore que personne n'y croit, mais qu'on se sent néanmoins tenu de produire ou de répéter. Y avait-il sérieusement une seule personne au monde, lorsqu'il faisait joujou avec sa fiole devant l'ONU, pour prendre ce pauvre

Colin Powell au sérieux ? Quelqu'un croyait-il réellement, en ce beau jour de la Noël 1989, peu après les événements du psychodrame familial communément désigné par l'antiphrase humoristique de « révolution roumaine », que le procès télédiffusé de Nicolae et Elena Ceausescu était autre chose qu'une sympathique mise à mort ? Alors pourquoi perdent-ils leur temps à jouer la comédie ?

Voilà ce qui me perturbe ici : le secret de Polichinelle. Voilà ce que je tire pour le moment de cette histoire de jalousie, d'innocence martyrisée, de Gestapo, de foin et de montagnes surdéterminées : j'aimerais y saisir à vif cette étrange compulsion à la parodie inhérente aux rapports à soi et aux autres, dans la psychologie humaine – qu'on puisse se sentir *requis* à une parodie de justice avant d'accomplir un meurtre, et hors de toute détermination utilitaire de cette parodie (qui ne *sert*, littéralement, à rien lorsque personne ne la prend au sérieux). D'où nous provient cette requête ? Qui ou qu'est-ce qui l'énonce et la fait valoir en nous ? Quelle étrange variante amorale de l'impératif moral ? (Dont une forme moins tragique est le jeu de la séduction, ou très fréquemment l'un comme l'autre savons pertinemment qu'il n'est question de rien d'autre que d'ou non s'envoyer en l'air au bout du compte, mais discutons tout de même, gravement, de Proust durant les négociations, comme s'il s'agissait de tout autre chose que de cela, des négociations – une autre chose du type s'ouvrir à l'autre, ou découvrir l'autre, ou partager avec l'autre ou que sais-je ?)

Peut-être un début de réponse. L'opération judiciaire impliquée dans un procès fait jouer des lois qui elles-mêmes consistent dans l'édiction de normes qui légitiment (ou valident) une obligation. Par une loi, il n'est pas simplement posé que *x* est obligé de faire *y* ou de s'en abstenir, il est posé que cette obligation de *x* constitue une norme (c'est, en gros, la différence supposée avec le type d'obligation auquel vous êtes confrontés lorsque Vito Corleone vous fait une offre que vous ne pouvez pas refuser). Or, comme le formule Lyotard : « Le régime républicain a pour principe de légitimité que le destinateur de la norme, *y*, et le destinataire de l'obligation, *x*, soient le même [28]. » Le peuple français par exemple. Ce qui signifie, et c'est encore une fois une condition de légitimité de la norme, que celui qui l'énonce n'échappe pas à l'obligation qu'il formule, et que c'est le même nom propre qui produit et reçoit l'obligation. Cette condition à la fois détermine et présuppose la formation d'un *nous*, tel que dans le cas d'un procès celui qui est condamné est réputé participer à un certain titre à la décision de ceux qui le condamnent et à l'existence de la loi au nom de laquelle il est condamné. La présupposition de ce *nous* (parfaitement fictif, bien sûr) propose au condamné une *raison* d'être puni, et même, le cas échéant, une « raison de mourir » (qui peut parfaitement être caricaturale, parodique ou infecte, la question n'est pas là). De surcroît, par cette localisation – même fictive et/ou parodique – du condamné sur l'instance destinateur du jugement, le procès inscrit ce dernier dans ce qu'on appelle l'Histoire. Il lui donne la parole (même si c'est pour ne pas l'écouter), le constitue comme sujet pourvu de l'aptitude à parler (et pas seulement à crier, mugir ou pulluler), et lui accorde donc, implicitement peut-être mais constitutivement, un droit de réponse, le droit et la possibilité dirait Lyotard de phraser à son tour, d'enchaîner sur la phrase du jugement – lui ou ceux qui après sa mort (comme le fait Freund dans l'exemple dont je suis parti) parleront pour lui. Tel est le résultat et la sauvegarde de la forme procès (minimaux j'en conviens bien, et ce tout particulièrement aux yeux de celle qui agonise dans l'aube) : elle énonce à ceux qu'elle condamne qu'ils existent, et qu'ils ont le droit d'être comptés à l'intérieur d'un nous. C'est très peu. Ce n'est pas tout à fait rien.

Peut-être (mais à dire vrai je ne sais pas, et puis je n'ai peut-être pas pris un très bon exemple en fin de compte) est-ce cela, l'injonction à laquelle – qu'ils le veuillent ou non, qu'ils le sachent ou pas – les lamentables exécuteurs de cette jeune institutrice trop versatile (au goût de son amant) obéissent. Qu'ils assassinent froidement, et en connaissance de cause, selon les formes solennelles du droit, c'est certes répugnant – plus répugnant sans doute à bien des égards qu'une bonne vieille et discrète balle dans la tête en passant. Mais cela signe aussi, je suppose, je voudrais croire, quelque chose d'autre : qu'ils sont assez abjects pour la tuer, mais qu'ils se refusent du moins à *tuer sa mort*. L'expression est à nouveau de Lyotard, et renvoie à ce qui est après tout l'arrière-plan de mon exemple. La norme de l'extermination nazie, elle, tout en fonctionnant comme une norme, s'excepte étrangement du schéma que j'ai décrit : celui qui ordonne la mort est *a priori* exempt de l'obligation (de la position de destinataire), tout comme inversement celui qui la subit est exclu de la légitimation (de la position de destinateur). « L'autorité du SS est tirée d'un nous d'où le déporté est exclu une fois pour toutes, la race, qui ne donne pas seulement le droit de commander, mais le droit de vivre [...] [29]. » Le déporté ne peut par définition pas être réputé participer à l'édiction de la norme au nom de laquelle il est tué, car « il ne peut pas donner une vie qu'il n'a pas le droit d'avoir ». Il est appréhendé au fond comme déjà mort, déjà condamné par la vie, toujours-déjà en dehors de toute forme de nous possible, et donc de toute forme de témoignage possible, partant d'historicité. C'est sa mort même qui est tuée, poursuit Lyotard, ce qui est pire que la mort. Voilà peut-être pourquoi, malgré ou en raison de toute leur mythomaniaque folie morbide, le récit des procès staliniens peut déclencher un fou rire hilare (le procès du groupe terroriste trotskiste-zinoviéviste et sa participation « morale » à l'assassinat de Kirov, quelle trouvaille de génie !), tandis qu'il est comparativement beaucoup plus difficile de percevoir le comique d'Auschwitz (je ne cherche pas à suggérer par là que « Staline, c'est moins grave », à effectuer un classement des horreurs perpétrées par les différents régimes homicides, ou à esquisser un quelconque *top five* des pires salopards du siècle – une pratique qui me semble terriblement puérile, pour répandue qu'elle soit).

C'est aussi ce qui me paraît particulièrement pervers et triste, dans la triste et perverse histoire de cette jeune institutrice : que leur procès de Polichinelle la condamne au nom de sa participation à ça, la Gestapo, le nazisme, l'assassinat industriel de la mort. Qu'ils capitalisent sur ça, qu'ils spéculent sur ce nom propre. On peut imaginer ce qu'elle aurait eu envie de leur répondre (ce qu'elle leur a peut-être bien dit) : tuez-moi si vous voulez, comme vous avez décidé de le faire, je ne chercherai pas à vous fléchir, puisque nous savons, vous comme moi, moi autant que vous, que vous ne me croyez pas plus coupable que je ne le suis en fait, faites votre sale affaire, et faites-la comme des lâches, en vous donnant l'élégance morale du rituel judiciaire, mais ne le faites pas au nom de ce nom-là. Parce que ça, c'est dégueulasse. Comme il est toujours plus ou moins dégueulasse de spéculer là-dessus, de capitaliser soi-même, de tirer des leçons et faire des théories – ainsi que le fit Julien Freund, ou que je le fais ici.

PROCÈS DE WILHELM REICH, 1956

Christophe Fiat

C'est l'histoire de Wilhelm Reich qui vit depuis quinze ans aux États-Unis parce qu'il a fui l'Allemagne nazie au début de la seconde guerre mondiale. Il est psychanalyste et il vient d'obtenir la nationalité américaine. Il a installé sa maison et son laboratoire (l'Orgone Institute) dans l'État du Maine.

Mais un jour, la Food and Drug Administration, la FDA (autrement dit l'administration sanitaire américaine), ouvre une enquête à cause d'un article paru dans la *New Republic* : « L'étrange cas de Wilhelm Reich ». Il a pour sous-titre : « L'homme qui attribue à des activités sexuelles insatisfaisantes la cause des névroses aussi bien que celle du cancer n'a été désavoué que par un seul journal scientifique ».

La journaliste qui s'appelle Mildred Edie Brady a écrit ça :

> Reich dirige une organisation considérable et a plus de patients qu'il ne peut en prendre en charge. Lorsque vous montez à son bureau du deuxième étage, vous trouvez des photos de nébuleuses spirales accrochées tout au long de l'escalier. Reich est un homme dans la cinquantaine, de forte constitution, rubicond, les cheveux bruns. Il porte une longue blouse blanche et vous reçoit derrière un immense bureau. Entre les moments où il enseigne ses théories à des étudiants et ceux où il met ses patients dans des accumulateurs d'orgone, il vous explique combien le caractère de base de l'individu moyen est incroyablement pourri.

Alors Wilhelm Reich dit à son ami Alexander Neill qu'il est clair que cette journaliste croit qu'il est le seul homme qui puisse l'aider à atteindre un orgasme, ce dont elle a si désespérément besoin et que sa tragédie, c'est qu'elle n'est pas consciente de son besoin. Les deux hommes bavardent, boivent du whisky et Wilhelm Reich s'allume une cigarette Chesterfield.

Mais l'article est repris quelques mois plus tard dans *Everybody's Digest* sous le titre : « Le monde est-il sexuellement malade ? », puis dans le populaire *Collier's* qui le vend à trois millions d'exemplaires et aussi dans le *Bulletin de la clinique Menninger* qui est une prestigieuse institution psychiatrique et tout le monde le lit.

Un jour, un inspecteur de la FDA débarque à l'Orgone Institute et dit ça : « Un de mes amis m'a montré l'article de Mildred Brady et j'ai voulu voir de quoi il s'agissait. » L'ami en question n'est autre que R. M. Wharton le directeur de la FDA. Wilhelm Reich qui n'est pas surpris de sa visite proteste : « Mes recherches n'ont rien à voir avec une administration qui s'occupe d'aliments, de médicaments et de cosmétiques. » Puis, il emmène l'inspecteur visiter l'atelier où sont fabriqués les accumulateurs d'orgone.

Alors, c'est le début d'une série d'inspections qui se finira par un procès qui aura lieu en 1956.

En effet, Wilhelm Reich est soupçonné d'avoir inventé un appareil pour accroître l'énergie sexuelle et d'avoir créé un laboratoire qui dissimule une entreprise louche de racket sexuel, mais aussi de vouloir guérir le cancer avec une énergie dont on ne peut pas prouver l'existence : l'orgone.

Il sait que ses recherches sont marginales et qu'elles menacent l'ordre social qui repose sur le refoulement du désir et la frustration du plaisir comme il l'a exposé en 1933 dans son livre *Psychologie de masse du fascisme*. Cela lui a déjà valu deux exclusions, celle du Parti communiste allemand parce que les marxistes craignaient que la liberté sexuelle qu'il prônait ne diminue l'énergie révolutionnaire des ouvriers, et celle de l'Association psychanalytique internationale parce que les psychanalystes sous l'influence de Freud craignaient qu'il ne remette en question la famille et l'État.

À cette époque – on est en 1934 et il habite Oslo – Reich n'a pas encore découvert que l'orgone (ce nom est dérivé du mot orgasme) est une énergie vitale qui se localise dans l'atmosphère, mais il a la preuve qu'il existe bien à l'état microscopique des vésicules qui sont une transition entre le vivant et le non-vivant. Lesquelles vésicules – qu'il appelle bions – émettent des radiations qui peuvent servir au traitement d'une nouvelle psychothérapie qui permet une libération émotionnelle qui passe non plus par l'expression verbale mais par les émotions, mobilisant ainsi les muscles et la respiration.

Compte tenu de la situation qui est alarmante, Reich joue le rôle du savant fou et plutôt que de se faire discret, il publie un nouveau livre intitulé *Écoute petit homme* dans lequel il se présente ainsi :

> Je ne suis ni rouge, ni noir, ni blanc, ni jaune. Je ne suis ni chrétien, ni juif, ni mahométan, ni mormon, ni polygame, ni homosexuel, ni anarchiste, ni boxeur. J'embrasse ma femme parce que je l'aime et que je la désire, et non parce que je suis l'heureux propriétaire d'un certificat de mariage ou parce que je souffre de frustration sexuelle. Je ne frappe pas les enfants, je ne vais pas à la pêche, je ne tue pas les chevreuils et les lapins. Mais je suis un tireur d'élite et j'ai l'habitude de faire mouche. Je ne joue pas au bridge et je ne donne pas de réceptions pour répandre mes théories. Si ma doctrine est juste, elle se répandra toute seule.

Alors ceci est considéré comme une provocation, bien qu'il prétende juste faire une mise au point philosophique.

Puis il aggrave son cas auprès de la FDA quand il décide de prouver que l'utilisation de la radiation de l'orgone peut être aussi utilisée pour lutter contre les radiations de la bombe atomique. En effet, depuis l'explosion de la première bombe atomique sur Hiroshima en juillet 1945, il est très inquiet. Le début de la guerre de Corée lui donne une nouvelle impulsion. Ce qui le conduit en 1951 à une expérience à haut risque : l'expérience Oranur. Il dit à Alexander Neill : « L'orgone est une énergie naturelle avant la matière, l'énergie atomique ou nucléaire est une énergie après la matière ou dérivée de la matière. L'orgone donc n'est pas de l'énergie nucléaire, mais une énergie primordiale, cosmique. »

Maintenant, on voit Wilhelm Reich qui tient dans une main un petit compteur jaune et dans l'autre un tube détecteur. Quelques jours plus tôt, il a eu l'autorisation de l'Atome Energy Commission pour se procurer deux milligrammes de radium. Il a déposé dans un garage un milligramme enfermé dans un étui protecteur de plomb et un autre milligramme dans un petit accumulateur d'orgone dans une pièce aux parois métalliques qu'il utilise pour ses observations atmosphériques. Il appelle cette pièce l'OR-room. Au bout de cinq heures, l'atmosphère est lourde et oppressante dans le laboratoire et quand il approche son compteur de l'accumulateur, celui-ci sature parce qu'il ne peut plus rien enregistrer. La radiation est très forte et c'est pareil dès qu'il s'approche du garage. Lui et ses collaborateurs ont très vite des sensations désagréables : un goût salé dans la bouche, une forte pression dans les mâchoires, une perte d'appétit, des nausées, de la fatigue, des douleurs crâniennes, des douleurs dans le diaphragme. Certains deviennent pâles et ont même des frissons et des bouffées de chaleur. La conclusion de tout cela, c'est que contrairement à ce que Reich attendait de cette expérience, non seulement l'énergie d'orgone ne peut pas neutraliser l'énergie nucléaire, mais elle est modifiée dangereusement à des doses qui sont mortelles pour l'homme. Il appelle cette nouvelle substance le DOR, acronyme de Deadly Orgone. Alors, il demande à tout le monde de faire des tests sanguins pour s'assurer que personne n'est en danger.

Peu de temps après l'expérience, Reich observe que l'atmosphère du laboratoire devient nuageuse avec des reflets allant du bleu au pourpre. Ce qui lui fait dire que si l'art est une maladie, l'expérience Oranur a libéré en lui l'artiste et qu'il adore tout bonnement peindre (suite à cette mémorable journée, il va faire dix toiles en deux semaines, de grands formats à l'huile inspirés d'Edvard Munch) et que cela lui apprend beaucoup sur notre misérable incapacité à voir la nature correctement.

Puis à l'automne, il a une crise cardiaque et il est hospitalisé. L'enquête avance et le 10 février 1954, la FDA obtient de la Cour de l'État du Maine l'ouverture d'une action en justice à l'encontre de Reich et de la Wilhelm Reich Foundation. Cette action nie l'existence de l'orgone et considère que toutes les publications de Reich et de ses collaborateurs sur cette nouvelle thérapie ne sont que des expédients publicitaires. Bref, il est accusé de charlatanisme, de publicité mensongère et de fraude à l'égard des malades.

Un mois plus tard, le juge ordonne la destruction de tous les accumulateurs d'orgone et de tous les livres qui font référence à l'orgone et l'interdiction de rééditer *Psychologie de masse du fascisme* dont la traduction américaine est parue en 1946. Alors Wilhelm Reich s'écrie : « En Amérique, on ne brûle pas les livres ! » Mais personne ne l'entend. Après les nazis, ce sont maintenant les Américains qui brûlent ses livres dans l'incinérateur de Manhattan. Mais cette fois, comme il ne sait plus où aller parce que ça fait dix ans que la seconde guerre mondiale est finie et que la guerre froide est très violente, il se laisse emprisonner.

Le verdict tombe le 25 mai 1956. Deux ans de prison pour Reich et un an et un jour pour un de ses collaborateurs et une amende de 10 000 dollars pour la fondation, ce qui équivaut à la fermeture de l'Orgone Institute. Pour sa défense, il communique au juge une déclaration :

> Votre honneur, nous avons perdu, mais seulement techniquement, une procédure incompréhensible et épuisante. Mes collaborateurs et moi avons toutefois authentiquement gagné notre cause aux yeux de l'Histoire. On peut nous anéantir physiquement demain ; en tant que pères de l'ère cosmique technologique nous vivrons dans la mémoire des hommes aussi longtemps que cette planète voguera sur l'éternel Océan de l'énergie cosmique. Aujourd'hui déjà tout être décent sait que la vérité et les sources d'une connaissance nouvelle sont de mon côté. J'ai gagné la bataille contre le mal.

Wilhelm Reich meurt le 3 novembre 1957 au pénitencier de Lewisburg en Pennsylvanie dans des conditions mystérieuses. Son agonie a été sans doute douloureuse parce qu'une de ses jambes était contractée. Bien que le décès officiel parle d'un infarctus – peut-être provoqué par l'expérience Oranur –, l'hypothèse d'un assassinat n'est pas à exclure. Un codétenu a affirmé que Reich lui aurait dit qu'on essayait de le tuer depuis deux semaines avec certains médicaments et qu'il sentait que son organisme était saturé. C'était là les méthodes du FBI pendant le maccarthysme. Son témoignage : « Plusieurs fois, ce grand médecin vint vers moi les larmes aux yeux pour me dire que ces maudits sadiques, maîtres absolus de la vie de 1 200 êtres humains, le rendaient fou et avec leurs remèdes expérimentaux le poussaient vers l'abîme de la mort. »

Une semaine après sa disparition, le *Time Magazine* publie cet avis de décès dans un style télégraphique :

> Mort, Wilhelm Reich, 60 ans, qui fut à une époque un psychanalyste de renom, associé et disciple de Sigmund Freud, créateur de la Wilhelm Reich Foundation, connu plus tard pour ses théories non orthodoxes sur le sexe et l'énergie ; d'une crise cardiaque dans le pénitencier fédéral de Lewisburg, PA, où il purgeait une peine de deux ans pour avoir distribué une de ses inventions, l'accumulateur d'énergie d'orgone (en violation de la régulation sur les aliments et les médicaments), un appareil de la taille d'une cabine téléphonique supposé concentrer l'énergie de l'atmosphère et pouvoir guérir, quand le patient est assis dedans, les rhumes, le cancer et l'impuissance.

Il laisse aussi un testament qui commence ainsi :

> Moi, Wilhelm Reich, résidant à Orgonon, Rangeley, Maine, fais ce qui suit et le publie et le déclare comme étant mes dernières volontés. Nulle vengeance personnelle, nul oubli des nombreuses joies que j'ai connues durant mon existence ne détermine les décisions de ce testament. En pleine disposition de mon jugement sur les hommes, sur la société et en toute lucidité, j'ai estimé que ce qui devait guider mes ultimes dispositions était d'assurer la transmission aux générations à venir du vaste domaine de mon œuvre scientifique. Pour moi, le but primordial est de sauvegarder la vérité sur ma vie et mon œuvre des altérations et des calomnies susceptibles d'intervenir après ma mort.

PROCÈS DE CHARLES MANSON, 1970-1971

Mathieu Larnaudie

1. SCÉNOGRAPHIE

Il y a eu beaucoup de choses dites à propos de moi et rapportées contre mes co-accusés dans cette affaire, dont beaucoup doivent être reconsidérées et clarifiées[30]. Tout compte fait, Charles Manson a gagné. Il a obtenu ce qu'il voulait : la gloire, la célébrité, devenir une rock star, une icône américaine. Fasciné lui-même par le spectacle, par Hollywood, le charisme des chanteurs à succès et des créatures de celluloïd, il a pris sa place dans cette vaste circulation sémiologique qu'est la culture contemporaine. Il a inspiré de nombreux films, de nombreuses chansons, jusqu'à des dessins animés ; il a donné son nom à tout un ensemble d'acteurs et de produits dérivés de l'industrie culturelle. Il a correctement servi l'Amérique, qui lui a octroyé le privilège d'endosser une part de son image – de la représenter.

Je ne suis jamais allé à l'école, donc on ne m'a jamais vraiment appris à bien lire et écrire, alors je suis resté en prison et je suis resté stupide, et je suis resté un enfant tandis que je voyais votre monde grandir, et je voyais les choses que vous faisiez et je ne comprenais pas. Quand, le 20 novembre 1970, il demande, de son propre chef, à témoigner devant l'accusation en dehors de la présence du jury, qu'il entonne les premiers mots de sa déclaration, son procès qui s'est ouvert en juillet dure – le compte y est – depuis près de cinq mois déjà. Il en faudra presque autant avant que le verdict soit prononcé. Neuf mois et demi pour le plus long procès de l'histoire américaine, dont le compte rendu pèse plus de huit millions de mots ; un dispositif médiatique sans précédent ni équivalent, permettant d'en répercuter, partout dans le pays et bien au-delà, la moindre parole, le moindre geste ; une scène de théâtre ou de concert à l'échelle internationale, et plus encore : dans le cas Manson, le procès d'un individu se mue en un show judiciaire à l'audience presque planétaire, à la dramaturgie parfaitement huilée, servie par une distribution sur mesure.

Dès la première semaine, la vedette s'était présentée devant la Cour en arborant un X sanguinolent gravé sur le front ; quelques jours plus tard, ce X s'était transformé en une très seyante croix gammée. Il avait alors brandi une feuille de papier sur laquelle étaient notés ces mots : « Je me suis rayé moi-même de votre société. » Une autre fois, sa longue chevelure avait laissé place à un crâne parfaitement rasé. Et ses co-accusés l'avaient imité systématiquement. Il a tout fait, tout, pour que l'affaire prenne de l'ampleur, devienne un scénario, avec moments forts et rebondissements : il a récusé le juge, rejeté les avocats qu'on lui avait proposés, souhaité assurer sa défense lui-même, enregistré dans le mêmc temps en prison un disque de rock (intitulé *Lie* – « mensonge »), prétendument pour payer son procès. Tout au long des réquisitoires, des témoignages, Manson a mis en place une véritable scénographie – il s'est lui-même mis en scène, corps arrogant, exubérant et instable, qui envahit l'espace, capture l'attention comme on le dit de la lumière : il a fait son cinéma.

2. UN SYMPTÔME CONSENTANT

Vous mangez de la viande et vous tuez des choses qui sont meilleures que vous ne l'êtes, et ensuite vous dites à quel point vos enfants sont mauvais, à quel point ce sont des assassins. Vous rendez vos enfants tels qu'ils sont... Ces enfants qui s'avancent vers vous armés de couteaux, ce sont vos enfants. Vous les avez éduqués. Je ne les ai pas éduqués. Je les ai simplement aidés à se lever. L'une des tentations les plus fortes et les plus répandues, devant un fait divers, est d'en faire un symptôme – et plus il est sanglant, plus il est improbable, plus les interprétations et des diagnostics s'affirment et redoublent –, d'y déceler la manifestation de causes profondes et générales, comme si la société y recherchait les traces essentielles de sa défiguration par la négativité, ou de sa propre monstruosité, c'est-à-dire du prétendu Mal fondamental qu'elle génère et qui l'habite. À cette règle, non seulement Manson n'a pas échappé, mais son cas a activé à plein régime la machine à commentaires. On a fait de lui le symptôme maléfique des années 1960, de la contre-culture hippie et de la contestation politique ; on en a fait le négatif inséparable des utopies libertaires et communautaires, un tragique retour du refoulé, et la preuve, pour ne pas dire la sanction, que ces formes de vie marginales ou alternatives étaient vouées à l'échec, à engendrer de la haine, de la violence, et à perdre leurs enfants ; qu'elles étaient par elles-mêmes vaines et morbides. Grâce à Manson, la « bonne » société a eu sa vengeance, et a sommé toute une jeunesse de cesser ses excès, de se rendre à la raison – à *sa* raison. Et il suffit, symétriquement, pour comprendre le traumatisme que cette histoire et son interprétation moralisante ont représenté pour la contre-culture, d'entendre par exemple, plus de trente ans après, l'égérie trash de l'underground new-yorkais Lydia Lunch expliquer comment les meurtres orchestrés par Manson ont pu sonner le glas de tout un pan des expérimentations de ces années-là, comment ils ont contribué à initier un retour à l'ordre et à la bonne conscience majoritaire.

Faut-il vraiment rappeler ce dont Manson fut accusé, ce qui l'a mené sur ce banc d'accusés qui lui fit office d'estrade depuis laquelle invectiver le monde, et d'instrument de sa gloire ? Nous avons, tous ou presque, en tête, parce qu'il a été depuis maintes et maintes fois figuré, colporté, exemplarisé, l'itinéraire de ce petit marginal américain né dans l'Ohio et abandonné à l'adolescence par sa mère prostituée et alcoolique, prenant la route de la Californie et de ses fantasmes, bringuebalé de maisons de correction en logements de fortune, arpentant les rues, puis enchaînant les petits délits, passant le plus clair de son âge d'homme en prison, se faisant jeter par l'industrie du disque et par celle du cinéma, squattant même un temps – attiré par la musique et par la lumière – chez Dennis Wilson, l'un des membres de la célèbre fratrie des Beach Boys, avant de se réfugier dans un ranch, dans la vallée de San Fernando, là où était tournée une bonne partie des westerns hollywoodiens (toujours, cette proximité latente, aveugle, avec le monde du spectacle), et d'y former la « famille », une communauté dont il est à la fois l'initiateur, le grand ordonnateur et l'idéologue.

Nous connaissons aussi, bien sûr, ce portrait du « chef de famille » en gourou sectaire, et tout son attirail caricatural fait de « charisme » et de drogues hallucinogènes, de symbolique déjantée mâtinée de satanisme, d'abus sexuels initiatiques, qui ramasse les paumés, les faibles d'esprits ou les jeunesses en quête d'influence pour en faire ses sujets, les vassaux de sa volonté débile et fascisante, les dévots de sa parole ; pour les plier à son discours. *La plupart des gens au ranch que vous appelez la Famille n'étaient rien d'autre que des personnes dont vous ne vouliez pas, des personnes laissées au bord de la route, que leurs parents avaient foutues dehors, et qui ne voulaient pas aller en maison de redressement. Alors j'ai fait du mieux que j'ai pu, je les ai emmenés dans ma décharge et leur ai dit : dans l'amour, vous n'aurez jamais tort. Je leur ai dit que tout ce qu'ils faisaient pour leurs frères et sœurs serait bon, s'ils le faisaient avec de bonnes pensées.*

Son credo ? Que, si nous n'agissons pas, nous sommes à la veille d'une guerre nucléaire interraciale, et que la race noire nous mène vers l'Apocalypse. Qu'il faut assassiner des Blancs, et de préférence des célébrités ; faire passer ces meurtres pour des crimes raciaux pour que la faute en soit reversée sur les Noirs et que ceux-ci soient victimes de représailles et de lynchages. À travers ce maelström de science-fiction, de prophéties délirantes, de mystique rock'n'roll et de racisme, il ne s'agit de rien d'autre, dans l'esprit de Manson, que de sauver le monde, et de pallier ainsi le laxisme du gouvernement américain. *Je travaillais à nettoyer ma maison, quelque chose que Nixon aurait dû faire. Il aurait dû être sur le bord de la route, à ramasser ses enfants, mais il n'y était pas. Il était à la Maison-Blanche, en train de les envoyer à la guerre.* (Nixon, d'ailleurs, qui eut sa part dans ce procès, qui manqua même d'occasionner un non-lieu en déclarant publiquement, dans la presse, passant outre la procédure et la présomption d'innocence, que Manson était coupable.) *Je ne vous comprends pas, mais je n'essaie pas. Je n'essaie pas de juger qui que ce soit. Je sais que la seule personne que je puisse juger, c'est moi. Mais je sais ceci : que dans vos cœurs et au fond de votre âme, vous êtes bien plus coupables pour le Vietnam que je ne le suis du meurtre de ces personnes...*

On a souvent compté Manson au nombre des *serial killers*. Ce que, techniquement, il n'est pas. Car le *modus operandi* ayant présidé aux atrocités perpétrées par la « famille » est fort différent de celui d'un tueur en série. Charles Manson n'était jamais personnellement sur les lieux du crime – il passait avant, ou après, en inspecteur des travaux finis ; il n'a jamais participé directement aux assassinats, ni tenu lui-même les armes ; il s'est contenté de commanditer ces actes : pour lui, aucun corps à corps avec les victimes, aucun rituel, mais l'endoctrinement comme méthode criminelle, et la manipulation mentale comme arme du crime. Ce sont, à chaque fois, les jeunes membres de la famille qui ont lardé d'innombrables coups de couteau les corps des victimes, qui ont dessiné, sur les murs de la maison d'un professeur de musique rackettè et finalement massacré, Gary Hinman, l'inscription *political piggy* signée de l'emblème des Black Panthers, puis sur la porte de la villa du cinéaste Roman Polanski, avec le sang de sa femme, l'actrice Sharon Tate, alors enceinte de huit mois, les trois lettres qui composent le mot *pig*, puis encore, le lendemain, sur les parois de la demeure du riche couple LaBianca, *Death to pigs* et *rise*, sur l'abdomen de Leno LaBianca *war* et, jusque sur le frigidaire, *Healter Skelter* (*sic*). « Helter Skelter » : le titre d'une chanson des Beatles, dans laquelle Manson entendait l'annonce subliminale de l'Apocalypse qu'il professait. Il s'en expliquera, toujours au fil de la même tirade : *« Helter Skelter » veut dire désordre, littéralement. Ça ne signifie aucune guerre contre personne. Ça ne signifie pas que certaines personnes vont tuer d'autres personnes… « Helter Skelter » est le désordre. Le désordre est en train de s'installer tout autour de vous. Si vous ne voyez pas le désordre s'installer tout autour de vous, vous pouvez appeler ça comme vous voulez. Est-ce que c'est une conspiration que la musique dise à la jeunesse de se dresser contre l'establishment parce que l'establishment est en train de tout détruire à toute vitesse ? Est-ce que c'est une conspiration ? La musique vous parle tous les jours, mais vous êtes trop sourds, trop bêtes, trop aveugles ne serait-ce que pour écouter la musique. Ce n'est pas ma conspiration. Ce n'est pas ma musique. J'entends ce qu'elle raconte. Elle dit : Debout ! Elle dit : Tue ! Pourquoi rejeter la faute sur moi ? Je n'écris pas la musique.*

3. LE CHRIST PAR DÉFAUT

Ce 20 novembre 1970, l'allocution de Manson vise ainsi à opérer un retournement intenable et contradictoire : tout son discours prétend à s'effacer derrière le symptôme qu'il a décidé d'incarner, mais que nie sa propre présence. De cette dialectique entre ce corps pleinement maître de la situation et de ses effets, provocateur, et la prétendue soustraction à lui-même qu'il cherche à faire valoir et qui forme l'unique argument de sa défense, se dégage l'impression d'un assentiment paradoxal au rôle qu'on entend lui faire jouer. Paradoxal à première vue seulement, car de toute évidence ce rôle lui plaît. Le show et la place qui lui y est impartie lui plaisent. Manson inaugure un nouveau genre : le procès pop. *Je ne peux juger aucun d'entre vous. Je n'ai aucune méchanceté contre vous et aucune récompense pour vous. Mais je crois qu'il est grand temps pour vous de commencer à vous regarder vous-mêmes, et de juger le mensonge au sein duquel vous vivez. Je ne peux pas vous détester, mais je vous dirai ceci : il ne vous reste pas longtemps avant de vous tuer vous-mêmes, parce que vous êtes tous fous. Vous pouvez rejeter la faute sur moi, mais je ne suis rien d'autre que ce qui vit à l'intérieur de chacun d'entre vous. Mon père est le pénitencier. Mon père est le système. Je suis seulement tel que vous m'avez fait. Je ne suis rien d'autre que votre reflet.*

J'ai mangé ce que j'ai récupéré dans vos poubelles pour éviter de retourner en prison. J'ai porté vos fripes. J'ai fait de mon mieux pour m'adapter à votre monde et maintenant vous voulez me tuer, et je vous regarde, et puis je me dis : vous voulez me tuer ? Ah ! Je suis déjà mort, je l'ai été toute ma vie. J'ai passé vingt-trois ans dans des tombes que vous aviez érigées. Parfois, je pense à vous rendre la monnaie de votre pièce ; parfois, je pense juste à vous sauter dessus, à vous laisser m'abattre... Si je pouvais, j'arracherais ce micro et je vous éclaterais la cervelle avec, parce que c'est ce que vous méritez, c'est ce que vous méritez. Si je pouvais ressentir de la colère envers vous, je vous tuerais tous. [...] *Ces enfants, tout ce qu'ils ont fait, ils l'ont fait pour l'amour de leur frère.* [...] *Ces enfants se trouvaient eux-mêmes. Ce qu'ils ont fait, s'ils ont fait quoi que ce soit, ne dépend que d'eux. Ils auront à s'en expliquer auprès de vous. C'est toute votre peur. Vous croyez me briser ? Impossible ! Vous m'avez brisé il y a des années. Vous m'avez tué il y a des années.*

Culpabiliser l'Amérique pour se dédouaner, faire de soi à la fois le pur produit d'une machine à broyer l'homme qui se retourne contre sa matrice, ou, mieux, qui exauce sa volonté masochiste d'autodestruction enfouie, et le révélateur de la folie collective, la manœuvre pourrait sembler par trop évidente. Loin, pourtant, d'être une simple stratégie défensive, l'argumentation de Manson au cours de ce long monologue déploie, sur près d'une heure, toute la dramaturgie de son procès : c'est que, pour lui, le brio du morceau de bravoure est bien plus important que la très improbable perspective d'être acquitté, ou que de produire une défense convaincante ; dès lors, il s'accorde volontiers d'être celui qu'on lui demande d'être, celui que le scénario implique qu'il soit. En prétendant, de la sorte, endosser toute la panoplie du symptôme parfait et de la victime expiatoire, en s'érigeant en grande instance sacrificielle, l'accusé se fabrique, sur mesure, le corps glorieux du supplicié de la société. La posture christique affleure, et Manson lui-même le sent. *Je n'ai tué personne et n'ai ordonné de tuer personne. J'ai peut-être insinué à de nombreuses différentes occasions et auprès de nombreuses différentes personnes qu'il se pourrait bien que je sois Jésus-Christ, mais alors je n'avais pas encore décidé ce que j'étais ou qui j'étais.* À défaut d'être « quelqu'un », ainsi que la société nous en intime le devoir ; à défaut également de choisir d'évoluer selon les angoissantes inflexions de l'impermanence identitaire, autant être le Christ par défaut, c'est-à-dire non seulement le sauveur, mais aussi et surtout l'objet roi de la représentation, l'icône des icônes. Autant être la star absolue, par qui la révélation arrive, auréolée du privilège de qui a pu représenter, simultanément, les deux pôles structurels du sacrifice, bourreau et martyr, et dont l'aura est ainsi immaculée et parfaitement réversible, d'un point à l'autre, de Dieu à Satan, peu importe. *En prison, son nom était un numéro. Certains voudraient maintenant un démon sadique. Soyons cela. Coupable. Non coupable. Ce ne sont que des mots. Vous pouvez faire ce que vous voulez de moi, mais vous ne pouvez pas m'atteindre, parce que je ne suis qu'amour de moi-même. Si vous m'envoyez au pénitencier, ça n'a aucune signification, parce que vous m'en avez déjà viré la première fois. Je n'avais pas demandé à être libéré. J'aimais être là-bas, parce que je m'aime moi-même.*

4. L'ENVERS D'UNE FASCINATION

Le ressentiment de l'anonyme voulant devenir une star, y échouant, et qui prend sa revanche : c'est cela, surtout, que l'attitude et les paroles de Manson traduisent. C'est cette sinistre fable que sa logorrhée rejoue, version hardcore. Au ranch de la « famille », une camionnette avait été bariolée de l'inscription « Holywood (*sic*) Film Production » ; Manson se déplaçait à son volant, preuve que toujours, parodiquement ou fantasmatiquement, celui-ci s'est rêvé en personnalité hollywoodienne, en héros de film comme en leader de bande (de « groupe », au sens communautaire comme au sens musical, les deux se rejoignant comme même paradigme de la vie collective et élective), et que s'il accepte et revendique d'être traité en tant que pure projection de cette altérité confuse qu'est la « société américaine », en tant que reflet de ses maux et de ses torts, mais aussi de ses fantasmes, sans doute est-ce également parce qu'il a saisi que cette aptitude à faire de soi la créature d'un rêve universel en même temps qu'un catalyseur et qu'un vecteur de désir (quand bien même négatif, quand bien même pervers) était aussi le signe distinctif de l'individu spectacularisé.

La fascination qu'il a toujours éprouvée envers l'image généralisée et la musique populaire, dont il est le contemporain de l'avènement, qui sont devenues la grande affaire de la culture commune tout au long des années 1960 – et, dès lors, que les Beatles soient pour lui la focalisation de cette attraction, et les détenteurs secrets de son message obscur, nous le comprenons, qui connaissons les déferlements et les hurlements orgasmiques de jeunes filles nubiles que les apparitions des quatre garçons de Liverpool provoquaient – cette fascination qu'il a éprouvée, partagée, sans doute dont il a souffert, de ne pas pouvoir y prendre part, c'est elle qui est le vrai ressort de son « histoire », qui est l'affect à partir duquel le film qu'il a orchestré s'articule. Si Manson est réellement le symptôme qu'il prétend lui-même être, plus que de la part démoniaque irréductible d'une société malade ou de l'aboutissement irrémédiable de ses dévoiements contestataires, c'est bien de l'envers d'une fascination qu'il est le signe – et le procès : sans doute, même, suivant sa logique à la lettre, Manson n'a-t-il fait qu'appliquer, dans sa folie criminelle, la grande leçon du spectacle, qu'il avait intériorisée à son corps défendant et qui était devenue le synonyme de sa haine ; il a opéré avec les mêmes instruments que lui : la manipulation mentale, l'intrusion dans les cerveaux, la dictée d'une volonté par le ressort de la fascination. Il n'a pas exécuté quiconque ; il a « enseigné », dit-il. *J'ai enseigné à la Famille de ne pas être faible et de ne pas se reposer sur moi… J'ai dit à Paul : « Pour être un homme, mon garçon, tu dois te lever et être ton propre père. » Alors il est parti dans le désert et a trouvé une image du père en Paul Crockett…*

Je ressens quelques responsabilités. Je ressens une responsabilité pour la pollution. Je ressens une responsabilité pour l'ensemble des choses. Pour être honnête avec vous, je ne me rappelle pas avoir jamais dit : « Prenez un couteau et des vêtements de rechange, et allez faire ce que Tex a raconté. » Ou bien je ne me souviens pas avoir dit : « Prenez un couteau et allez tuer le shérif. » De fait, ça me rend dingue quand quelqu'un tue des serpents, ou des chiens, ou des chats, ou des chevaux. Je ne mange même pas de viande – c'est dire à quel point je suis opposé au meurtre…

Je n'ai aucune culpabilité à propos de rien parce que je n'ai jamais été capable de voir aucun mal… J'ai toujours dit : faites ce que votre amour vous commande de faire, et j'ai fait ce que mon amour me commandait… Est-ce ma faute si vos enfants font ce que vous faites ? Et à propos de vos enfants… Vous dites qu'ils ne sont qu'une poignée ? Ils sont nombreux, très nombreux, et ils vont tous dans la même direction. Ils courent dans les rues – et ils foncent directement vers vous !

Le 29 mars 1970, au terme d'un procès dont la fortune médiatique indique suffisamment à quel point son principal protagoniste, au-delà de la singularité de son « cas », était aussi ce qu'on appelle un « bon client », à quel point le show judiciaire a tenu en haleine son audience, Manson et ses sbires sont reconnus coupables de tous les chefs d'accusation et condamnés à mort. Leur peine est commuée en prison à perpétuité après l'abolition de la peine capitale en Californie.

Manson, à qui les psychiatres ont diagnostiqué une « schizophrénie paranoïde », est aujourd'hui détenu à la prison d'État de Corcoran. Il y reçoit des tombereaux de courrier venus du monde entier ; il y écrit de la musique, n'ayant toujours pas abandonné l'idée de devenir une rock star ; il est déjà une superstar. Il continue d'y donner des interviews au parloir, au cours desquelles il dispense ses prophéties, étale ses fureurs, et chante ses dernières compositions. Il arbore désormais une barbe blanche très confucéenne, qui lui donne des airs de patriarche et fait mieux que jamais ressortir la croix gammée qui demeure incisée au milieu de son front.

Comme une piqûre de rappel à la justice américaine, régulièrement, s'engage une énième procédure le concernant. Sa douzième demande de mise en liberté conditionnelle a été refusée en 2012. L'administration pénitentiaire de Californie (qui, elle aussi, tient son carnet rose) a fait savoir en novembre 2014 que Charles Manson avait reçu l'autorisation d'épouser Afton Burton, 26 ans, laquelle aurait succombé à son charme au fil de leur correspondance. Pour une raison inconnue, Manson a finalement annoncé, quatre mois plus tard, que le mariage n'aurait pas lieu. Peut-être – du moins sommes-nous en droit de le penser – l'objectif véritable de ces noces, plutôt que de convoler au parloir, n'était-il au fond, pour Charles Manson, que celui-là : pouvoir les annoncer, les réfuter, montrer une nouvelle fois son pouvoir de séduction, son fameux « charisme » inaltérable, et, surtout, faire qu'on en parle dans la presse. Peut-être ce mariage avorté n'avait-il pas d'autre mobile que de lui offrir une occasion de faire encore parler de lui, de se rappeler au bon souvenir de la société américaine : de continuer le show.

PROCÈS DE MARIE-CLAIRE CHEVALIER, 1972

Julie Bonnie

« L'avortement, je suis pour, mais quand même il y en a qui exagèrent. » « Quand tu vois des gamines qui avortent pour la sixième fois ! Ce n'est pas un moyen de contraception. » « L'avortement devrait être autorisé uniquement lorsqu'il y a viol. » « Et puis, maintenant, les jeunes, elles vont au bloc comme on va au café, et c'est qui qui récupère les fœtus morts ? » « Dès que commence la grossesse, c'est un bébé. L'avortement, c'est un meurtre. »

« Les femmes font n'importe quoi, et ce n'est quand même pas à l'État de payer pour leurs conneries. » « Tout ça, c'est pour le fric. Une intervention, ça rapporte des thunes à l'hôpital. » « Avant, on n'avortait pas, et tout allait bien. » « Tu te pointes dans une pharmacie, et t'as la pilule du lendemain gratuite ! Voilà comment on leur apprend la vie. » « On devrait leur interdire l'anesthésie, elles y réfléchiraient à deux fois avant le curetage. » « Cette génération, elles ont tout trop facilement, y en a, elles ont 16 ans, elles ne savent même pas qui est le père. » « La prévention, ça sert à rien, il y a toujours autant d'avortements depuis que c'est légalisé. » « C'est trop facile. » « Et moi, comme les 343 qui avaient avorté, je manifeste, pour mon droit à niquer des putes, parce que c'est mon droit. » « Ce n'est pas à l'État de réparer les inattentions des femmes »...

En 1972, à Bobigny, se tient le procès d'une jeune femme mineure, Marie-Claire Chevalier, victime d'un viol, accusée d'avoir avorté.

À l'époque, il y a plusieurs façons de se débarrasser d'une grossesse. On peut introduire dans le vagin une aiguille, à tricoter par exemple, et l'orienter de façon à ce qu'elle s'introduise dans l'utérus et perce l'œuf. Souvent, l'aiguille perce n'importe quoi. Il faut s'y prendre à plusieurs fois, toute seule, les jambes écartées, dans le lit, la salle de bains, les chiottes du lycée. On introduit l'objet contondant, puis on farfouille. On sait que ça doit faire mal. Alors on perce. On attend le sang. D'où qu'il vienne. Ceux et celles qui ont déjà mis les doigts dans un vagin, savent bien que l'utérus n'est pas facile à trouver. Il est vers l'arrière, tout au fond. On le sent à peine avec les doigts, alors avec l'aiguille ! On perce. Et le sang coule. Bien sûr, l'objet n'est pas stérilisé, et les bactéries qu'il trimballe se font un plaisir de coloniser la jeune femme. Le sang coule. Et la septicémie s'installe, mortelle. À l'hôpital, les femmes doivent mentir. Non monsieur, je ne sais pas pourquoi ça coule, ni pourquoi j'ai de la fièvre. On les met dans une chambre commune. Les salopes. Sans antidouleur. Et beaucoup d'entre elles meurent dans la douleur. Jeunes. Parce qu'elles ont attendu le dernier moment pour se pointer à l'hôpital. Elles n'avaient qu'à le garder, leur môme.

On peut aussi se gaver d'aspirine, il paraît que ça marche. Sauf que dix grammes d'aspirine, et c'est la femme qui y passe. Faut savoir doser. Mais on ne sait pas.

Les barbituriques, et les remèdes de grand-mère qui ne marchent pas, mais qui vous rendent malade à crever. Alors, finalement, on tricote dans l'utérus.

Il y a les coups. Coups de poing dans le ventre, de toutes ses forces. Il va bien y passer nom de dieu ! Tape plus fort !

Il y a les chutes répétées. Tombe dans l'escalier, tombe dans l'escalier, tombe dans l'escalier, encore et encore. Jusqu'à ne plus pouvoir le remonter.

On peut aussi accoucher comme une chienne dans un couvent, et laisser son petit à des tortionnaires de bonnes sœurs, qui vont vous le fourrer dans les bras à la naissance, puis vous l'arracher en vous crachant dessus. Mais l'honneur est sauf. Et l'honneur (de qui ?), c'est important.

Je suis catholique pratiquante, profondément croyante. J'étais contre l'avortement, je ne voyais qu'une solution, c'était mettre Marie-Claire dans une maison maternelle [...]. Je me disais : la faire avorter ce n'est pas une bonne action, mais garder le bébé, ce n'est pas beaucoup mieux.

(Lucette Duboucheix, accusée, procès Bobigny, novembre 1972)

Monsieur le président, je suis une pupille de l'Assistance Publique, ma mère m'a abandonnée à 16 jours. Je sais ce que j'ai souffert d'avoir été abandonnée. Alors, j'ai préféré être complice d'un avortement plutôt que complice d'un abandon d'enfant. Je pense que je suis mieux ici pour répondre de ce que j'ai fait que je ne le serais devant ma conscience si j'avais aidé à l'abandon d'un enfant. Cela, je ne me le serais jamais pardonné.

(Renée Sausset, accusée, procès Bobigny, novembre 1972)

Et puis, il y a la « sonde », technique appliquée à notre jeune accusée. Plusieurs semaines avec un câble électrique inséré dans l'utérus. À attendre que ça sorte, que ça saigne, que ça tue.

Le président : Vous avez utilisé quel procédé ?

Micheline B. : Vous le savez bien monsieur le président, un spéculum.

Le président : Par la bouche ?

(Micheline Bambuck, accusée, et le président du tribunal de Bobigny, novembre 1972)

Jusqu'en 1974, date de la loi Veil, si l'on ne veut pas d'un enfant, on risque la prison, ou la mort.

Pourtant, les femmes « font passer ». Parce qu'un enfant c'est pour la vie. Si l'on n'en veut pas, prendre le risque de mourir reste une option.

Et puis, il y a les riches, et les pauvres. Les riches ont des amis médecins, connaissent quelqu'un, se font avorter dans des conditions d'hygiène acceptables, ou se payent le voyage salvateur pour l'Angleterre.

Les pauvres crèvent.

Les femmes pauvres, je les voyais une fois qu'elles avaient fait leur tentative d'avortement. Mais quelle tentative, et dans quelles conditions ! J'ai vu mourir des dizaines de femmes après des avortements clandestins [...]. *C'est à la femme de choisir. Ce n'est pas à nous d'imposer nos conceptions d'hommes riches.* [...] *Nous aurions été beaucoup plus gênés devant une jeune bourgeoise du 16*e *arrondissement ayant trouvé un chirurgien pour la faire avorter moyennant une somme élevée et qui, par la dénonciation de son amant, se trouve brusquement jetée devant un tribunal.*

(Professeur Paul Milliez, doyen des facultés de médecine, procès Bobigny, novembre 1972)

Toute la société française est complice de ces meurtres. Les bien-pensants, les nantis, les imbéciles, trouvent que la mort d'une femme est moins grave que la destruction d'un fœtus. La femme n'a-t-elle pas été un fœtus, elle-même ? Mais de quoi me parlez-vous ? On vous parle de dieu ! De dieu ? Mais est-ce donc dieu qui introduit sa verge dans un sexe de femme et y éjacule ? Savez-vous que c'est ainsi qu'on fabrique un enfant ?

En 1971, Marie-Claire, à peine 16 ans, accepte l'invitation de Daniel P. à « passer chez lui ». Il l'embrasse. Très vite, et brutalement, il lui arrache ses vêtements. Elle hurle, le supplie. Mais le garçon la menace de lui crever les yeux avec une paire de ciseaux. Il la viole. Quelques semaines plus tard, la jeune fille comprend qu'elle est enceinte. Dans un désespoir immense, elle se confie à sa mère, Mme Chevalier, mère célibataire de trois filles, qui peine à boucler les fins de mois, en travaillant à la RATP. La mère n'a pas les moyens d'élever un autre enfant. Et Marie-Claire déclare qu'elle refuse de mener cette grossesse à son terme. Le premier gynécologue qui les reçoit accepte de pratiquer un avortement… Pour 4 500 francs. La famille monoparentale gagne à peine plus de 1 500 francs par mois. C'est injouable.

Je n'avais pas le choix. Quand on n'a pas d'argent, on enfreint la loi.
(Michèle Chevalier, procès Bobigny, novembre 1972)

Mme Chevalier en parle à une amie, Lucette Duboucheix, qui en parle à une autre amie, Renée Sausset, qui a un numéro de « faiseuse d'anges », poseuse de sonde, Mme Micheline Bambuck. Pour 1 500 francs, la jeune Marie-Claire garde un câble électrique dans son intimité pendant trois semaines, jusqu'à ce que la douleur et les saignements deviennent insupportables. Il faut agir, ou Marie-Claire y laissera la peau. Pour 1 000 francs, elle est admise dans un service de gynécologie où elle subit un curetage, et s'en sort sans séquelle physique. Il faut savoir qu'il est très difficile, pour un gynéco, de faire la différence entre l'hémorragie d'un avortement spontané (fausse couche), et celle d'un avortement volontaire. Le traitement est le même : curetage. La différence, c'est l'anesthésie. Il est très courant de pratiquer des curetages brutaux et sans anesthésie sur des femmes soupçonnées d'avoir « fait passer », pour qu'elles payent, au moins avec leur douleur. Pour sortir sa fille de la clinique, Mme Chevalier signe un chèque sans provision de 900 francs.

L'histoire, d'une banalité tranquille, aurait pu s'arrêter là. Un des deux cent mille à un million (selon les sources...) d'avortements volontaires annuels. On peut même dire que cette histoire ne se finit pas trop mal. Marie-Claire est vivante, et pourra avoir des enfants quand elle le souhaitera. Le viol, les saignements, le curetage, elle apprendra à se taire, comme les autres.

Mon mari était tuberculeux [...], *plus tard il a eu la lèpre* [...]. *À l'époque, la pilule n'existait pas, j'avais un mari égoïste, il me disait : « Ma fille, débrouille-toi. » Voilà comment j'ai appris...* [*à pratiquer des avortements*].

(*Micheline Bambuck, procès Bobigny, accusée, novembre 1972*)

C'est sans compter sur Daniel P. le violeur : le jeune homme se retrouve aux prises avec la police suite à de petits crimes de malfrat, qu'il est en train de devenir. Il négocie : « Je vous balance un truc grave, et vous me laissez repartir. »

Le truc grave, c'est l'avortement de Marie-Claire. Oui. C'est Daniel P., qui a violé Marie-Claire, qui l'a également dénoncée aux flics. Non. Vous ne rêvez pas.

La maréchaussée débarque chez les Chevalier un matin. La mère et la fille sont inculpées, ainsi que Lucette, et Renée, les complices, et Micheline, l'avorteuse.

La mère de Marie-Claire contacte Gisèle Halimi, et lui demande de prendre leur défense. Gisèle Halimi, avocate militante, est la fondatrice, aux côtés de Simone de Beauvoir, de l'association « Choisir », qui œuvre pour supprimer de la législation la loi de 1920 et abroger l'article 317 du code pénal, qui condamne l'avortement. Rappelons qu'en 1943, Marie-Louise Giraud est jugée coupable, condamnée à mort, puis guillotinée pour avoir pratiqué des avortements. Gisèle Halimi est également à l'origine du « Manifeste des 343 salopes », en avril 1971, qui réunit 343 signatures de femmes connues, mais aussi d'anonymes, qui déclarent avoir un jour avorté. Le gouvernement n'a pu que rester muet face à ce manifeste : difficile d'attaquer en justice, au même moment, des personnalités telles que Simone de Beauvoir, Catherine Deneuve, Nadine Trintignant, et tant d'autres... Ce manifeste fut un premier pas dont il faut admirer le courage et la prise de risque, vers le droit pour la femme à disposer de son corps. Elles risquaient la prison en le signant.

Mme Halimi : Vous avez remis personnellement à Mme Chevalier un chèque de 3 000 francs. Pouvez-vous nous dire pourquoi ?

Pr Monod : Pour assumer les frais de l'avortement qu'elle a encouru.

Le président : Vous lui avez remis après, lorsque les faits étaient publics ?

Pr Monod : Oui.

Le président : Après que la jeune fille fut allée dans une clinique, ce qui, effectivement entraînait des frais supplémentaires ?

Pr Monod : C'est exact.

Mme Halimi : Lui auriez-vous remis cette somme avant (l'avortement) ?

Pr Monod : Avant, j'aurais pu procéder autrement. L'intervention se serait passée gratuitement dans un service hospitalier public, avec un médecin de premier ordre.

Mme Halimi : Vous auriez donc aidé Mme Chevalier à faire avorter sa fille ?

Pr Monod : Sans aucun doute.

Le président : Dois-je en conclure que vous êtes prêt à verser une somme de 3 000 francs à toutes les femmes qui viendront se présenter à vous pour vous demander de les aider à avorter ?

(Professeur Jacques Monod, prix Nobel de physiologie et de médecine, témoin, procès Bobigny, novembre 1972)

L'avortement de Marie-Claire est une tribune médiatique parfaite pour l'association « Choisir », qui a déjà acquis une notoriété certaine, notamment en recueillant un grand nombre de témoignages poignants. L'affaire de « Marie-Claire » devient « Le procès de Bobigny », qui mènera directement à la loi Veil, et à la légalisation de l'avortement. Un débat de société, hypermédiatisé, quatre ans après 1968. Halimi orchestre d'unc main de maître une défense-révolution, qui mettra la France entière face à son hypocrite réalité.

Les renseignements qui ont été donnés sur vous par la police au cours de l'enquête sont excellents. Je les lis parce qu'il est bon que le Tribunal en ait connaissance : « Bonne conduite, moralité et réputation, remplit parfaitement ses devoirs de mère de famille, intérieur très bien tenu, ainsi que les enfants. »

(Le président, à Mme Chevalier, accusée de complicité d'avortement sur sa fille, procès Bobigny, novembre 1972)

Le « procès Bobigny » a lieu en deux temps. Marie-Claire étant mineure, elle comparaît à huis clos, devant le tribunal pour enfants.

La jeune femme est relaxée. Le tribunal considère qu'« elle a souffert de contraintes d'ordre moral, familial, social auxquelles elle n'a pu résister ». Il est ainsi affirmé qu'elle n'a pas « librement et délibérément choisi d'accomplir l'acte qui lui est aujourd'hui reproché ».

Ma fille ne voulait pas de l'enfant, je n'allais pas le garder contre son gré. J'ai vécu ce calvaire-là et je ne voulais pas que ma fille le vive à son tour.

(Mme Chevalier, accusée, procès Bobigny, novembre 1972)

Étrange verdict, quand on sait que l'accusée n'a cessé de répéter qu'elle refusait de mener cette grossesse à son terme, étrange aussi, parce que la question du viol n'est pas abordée, ou, en tout cas, n'est pas considérée comme une circonstance atténuante. Mais, première victoire, qui coûte à Marie-Claire l'étalage sans pudeur de sa vie privée dans les médias : à la télé, on la voit sortir du tribunal, accompagnée de son avocate, sous les cris des slogans des militantes du MLF, le poing levé.

Marie-Claire pleure.

Sa dernière phrase devant les juges : *Je ne regrette pas d'avoir avorté, car cet enfant aurait été à l'Assistance et malheureux.*

Après cela, je suis entrée dans un foyer prénatal où l'on accepte des mineures enceintes et où on les garde jusqu'à la fin de leur grossesse. Dans ces foyers, il y a des règlements qui interdisent aux filles de sortir plus de deux heures par semaine et accompagnées, le dimanche par exemple. Les conditions d'hygiène sont très mauvaises et on est sans cesse humiliées [...]. *Les filles passent leurs journées à tricoter, enfermées toute la semaine, et cela dure jusqu'à l'accouchement. Elles entrent alors à l'hôpital,* [...] *où on les pousse à l'abandon de l'enfant* [...].

Après l'accouchement, celles qui n'ont pas abandonné leur enfant vont dans des foyers maternels. Elles donnent 60 à 95 % de leur salaire à l'institution. Il n'y a absolument aucune issue pour elle. [...] *Elles subissent toutes sortes d'humiliations. Elles sont traitées de putes tous les jours. Les filles* [...] *font des crises de larmes, et des crises de nerfs.* [...] *L'enfant ne voit sa mère que le soir* [...], *il n'y a aucune vie en commun pour la mère et l'enfant.* [...] *Si c'est tout ce que l'on peut donner à une mère, il vaut vraiment mieux avorter.*

(Claire S., mère célibataire de 18 ans, témoin, procès Bobigny, novembre 1972)

Ensuite, une semaine plus tard, Michèle, Lucette, Renée et Micheline comparaissent dans la petite salle du tribunal de Bobigny. L'audience est publique, mais seulement une soixantaine de personnes peuvent assister au procès. Gisèle Halimi crie au scandale. Elle veut retourner l'opinion : il lui faut du public.

Mme Halimi : [...] *Qui, selon vous, doit décider du droit d'avorter ?*

Lucette D. : La femme, exclusivement la femme.

Le président : Ce n'est pas là le problème.

Mme Halimi : Pour nous, c'est le problème, et c'est même le seul.

Lucette D. : Est-ce que je peux ajouter un mot ? C'est de toutes les femmes qu'il s'agit, c'est de cette loi dont nous ne voulons plus qu'il s'agit.

Le président : Nous ne faisons pas le procès d'une loi.
Mme Halimi : Moi, personnellement, je le ferai.
(Lucette D., accusée, procès Bobigny, novembre 1972)

Gisèle Halimi convoque à la barre des personnalités, comme Simone de Beauvoir :

Au lieu de dire à la petite fille, quand elle a 2 ou 3, ou 4 ans : « Tu seras vouée à laver la vaisselle », on lui dit « Tu seras vouée à être maman », on lui donne des poupées, on exalte la maternité de façon que quand elle devient une jeune fille, elle ne pense qu'à une chose c'est à se marier et avoir des enfants. On l'a convaincue qu'elle ne serait pas une femme complète si elle n'a pas d'enfant.

Ce n'est plus le procès de Marie-Claire, c'est le procès d'une loi, d'une société. Gisèle Halimi réclame une justice fondamentale.

Mme Servan-Schreiber : C'est l'affaire de toutes les femmes.
Le président : Si vous faites venir toutes les femmes ici, on y sera encore à la fin de l'année.
(Mme Servan-Schreiber, journaliste, procès Bobigny, novembre 1972)

D'autres sommités du monde médical, intellectuel, politique : Michel Rocard, député des Yvelines, Raoul Palmer, gynécologue, Simone Iff, vice-présidente nationale du planning familial, Jean Rostand, écrivain... et d'autres...

Et puis, deux comédiennes, Françoise Fabian et Delphine Seyrig, qui déclarent avoir avorté en 1971, comme Marie-

Claire Chevalier, et demandent pourquoi elles ne sont pas sur le banc des accusés. Le président botte en touche. « Ce n'est pas notre affaire aujourd'hui ! »

La plaidoirie de Gisèle Halimi, ainsi que celles des autres avocats, est exemplaire, implacable, imparable. Une force diabolique est en marche, elle est là pour jeter l'ancien monde aux chiens, pour donner enfin la place qui leur revient aux oubliées de la justice. La loi est injuste, et Gisèle Halimi lui fait sa fête, son procès, la traîne dans la boue, la dénonce, la massacre. Son cri résonne dans tous les foyers. Son combat – leurs combats – fissure l'ordre établi, il n'a plus qu'à céder. Le peuple parle. Les femmes du peuple sont défendues.

Le vieux monde patriarcal n'a qu'à bien se tenir, les femmes du nouveau monde proposent les lois.

Pourtant, Michèle, Lucette, Renée et Micheline sont déclarées coupables. Elles sont condamnées à de petites peines (amendes et prison avec sursis), soit, mais elles sont reconnues coupables. La relaxe espérée n'a pas lieu. Elles font appel, et le tribunal laisse passer trois ans sans traiter l'affaire. De fait, aucune peine n'est appliquée.

Le combat continuera, jusqu'en 1974, date du vote de la loi Veil, qui légalisera l'avortement.

Bien plus que le procès de quatre femmes, le procès de Bobigny est le procès d'une loi, résidu d'une France couleur église, qu'il fallait bien dégommer. Et merci à toutes ces femmes qui ont eu le courage de se battre pour ma place dans la société.

Pourtant, entendez-vous ce grincement, ce crissement qui se déploie comme toile de fond de ce procès ?

Entendez-vous comme moi que le viol de Marie-Claire n'est pas, ou très peu évoqué, que ce soit durant le procès ou dans les médias ? Entendez-vous la voix de cette enfant de 15 ans, violée, qui répond au président du tribunal « Je ne veux pas en parler », et le président de passer à autre chose ?

Le procès de Bobigny a reconnu coupables quatre femmes, et les a condamnées.

Daniel P., violeur et dénonciateur, n'a JAMAIS été inquiété, ni par l'opinion publique, ni par la justice, alors même que le viol de Marie-Claire n'a pas été remis en question.

Soit, ce procès ne pouvait pas être tous les procès du siècle en même temps. Non, bien sûr. Mais, aujourd'hui, mes pensées vont vers Marie-Claire, comme elle a dû vivre avec sa honte, sa culpabilité, son corps saccagé, ses cauchemars, son silence et sa colère. Comme elle a dû se sentir seule, et abandonnée à savoir sa mère condamnée, et son bourreau innocent.

En 1972, une femme qui portait plainte pour viol devait subir une enquête de moralité… Bien sûr qu'elle ne pouvait supporter un procès de plus.

Et ça grince… Jusqu'en 2015… Et pour toujours…

Les citations du procès sont extraites du livre Le Procès de Bobigny, *sténotypie intégrale des débats du tribunal de Bobigny, édité chez Gallimard.*

PROCÈS DE LA FRACTION ARMÉE ROUGE, 1975-1977

Alban Lefranc

> L'important serait de développer des structures qui redonnent un sens à la guerre. C'est un vieux thème prussien. Kleist déjà cherchait une guerre qui ait un sens. Sans contact, et il n'y a pas de conflit sans contact, l'être humain meurt dans l'homme. En conséquence cela signifie que la guerre est le dernier refuge de ce qu'on appelle l'humain. Car la guerre est contact ; la guerre est dialogue ; la guerre est temps libre.
> Heiner MÜLLER, *Penser est fondamentalement coupable*, juillet 1990, entretiens

Pendant près de dix ans, entre 1967 et 1977, tout se passe comme si les membres de la Fraction armée rouge avaient voulu rejouer *Hamlet* contre (avec) l'État allemand. Dans la pièce de Shakespeare, le jeune prince danois demande à des comédiens de passage d'interpréter devant Claudius, l'usurpateur, une scène d'assassinat qui le confrontera à son crime. La scène doit fonctionner comme un « piège à souris » et surprendre la conscience du roi, lui arracher publiquement son masque, révéler son crime aux yeux de tous : « Car le meurtre, bien que sans langue, peut parler par des bouches miraculeuses. »

La RAF n'a pas les moyens techniques de convoquer l'État devant une troupe de passage. Ses membres doivent mettre la main à la pâte, descendre sur scène, y entraîner l'État lui-même. En s'en prenant à ses représentants (des policiers, des procureurs) ou à ses alliés (les troupes américaines qui décollent de Stammheim près de Stuttgart pour pilonner des positions vietcong ; la presse de Springer, *Bild-Zeitung* en tête), ils espèrent le contraindre à avouer devant tous sa violence fasciste. Serait ainsi révélée, avec l'évidence d'une preuve, la continuité qui existe entre la période nazie et leur présent. Leurs vœux vont être comblés au-delà de toute mesure : certes, la RFA de 1977 n'est pas l'Allemagne hitlérienne mais c'est un régime très autoritaire qui se constitue, capable d'agir à plusieurs reprises en toute illégalité – en exergue de *La Troisième Génération* en 1979, Fassbinder cite le chancelier Helmut Schmidt : « Après coup, je ne peux que remercier les juristes allemands, dans cette affaire (il s'agit du raid antiterroriste de Mogadiscio, et peut-être d'autre chose autour de Mogadiscio ?), de ne pas avoir instruit selon le droit constitutionnel. » On assiste à une véritable chasse aux sorcières (et aux cheveux longs) dans un climat de lynchage difficilement imaginable.

La RAF cependant s'était trompée en un point décisif : la population n'a pas pris les armes pour les soutenir. Pis encore, près de quarante ans après, leur lutte est souvent tournée en dérision par les médias dominants, réduite au *road movie* de quelques criminels décervelés. Dans cette perspective, assez abjecte disons-le, ils sont parfois surnommés les petits-enfants d'Hitler. C'est dans ce contexte de théâtralité à outrance que peut être examiné le procès qui leur est fait, entre 1975 et 1977, après l'arrestation des principaux membres du groupe.

Dans le délire rhétorique qui s'empare de ces deux acronymes (RAF vs BRD, Bundesrepublik Deutschland), au milieu des salves de langue de bois échangées par le plus froid des monstres froids et le groupuscule pris dans son irrespirable carcan marxiste-léniniste, je voudrais ressaisir quelques moments de l'attention pornographique [31] portée aux corps des accusés – isolés, exhibés, méticuleusement disséqués.

Aujourd'hui encore, après la mort violente des principaux concernés, une lutte obscène se poursuit autour de la question de l'état de leurs cellules *au moment des faits*, d'une hypothétique vérité moléculaire (Dans quel état était réellement leur corps ? Leur grève de la faim n'était-elle pas simulée ? Ont-ils mis en scène leur suicide ?) pour réhabiliter ou achever de discréditer ce qui vécut un jour dans ces cadavres.

Le procès, au début des années 1970, ce sont d'abord dans toute l'Allemagne de l'Ouest, placardées sur chaque colonne wilhelmienne du plus petit village de la plus petite région, entre l'église luthérienne et l'étang aux suicidés, l'affiche des avis de recherche. Le procès, avant même leur capture spectaculaire, est déjà tranché : la presse (Springer en tête, et les huit millions d'exemplaires quotidiens de la fameuse *Bild-Zeitung*), la quasi-totalité des hommes politiques et des intellectuels (Heinrich Böll, pour ne pas avoir hurlé avec les loups, a été violemment attaqué) les ont déjà jugés.

Ce sont dix-neuf minuscules vignettes en noir et blanc (dont il est impossible de croire qu'elles aient permis la moindre identification tant elles sont floues) enfermées à l'intérieur d'un rectangle rouge, surmontées de lettres rouges également : « criminels anarchistes, bande Baader/Meinhof », au-dessus des « 100 000 marks » promis pour tout indice conduisant à leur capture. La Fraction armée rouge, qui vient de proclamer son acte de naissance dans un manifeste pompeux après qu'un commando a libéré Baader – ce sont donc très rapidement dix-neuf têtes isolées du reste du pays dans un tableau. Et ces dix-neuf têtes de violeurs d'enfants à qui il ne manque qu'un couteau entre les dents, un bouc et des petites cornes, je ne peux pas m'empêcher de croire qu'elles ont pour fonction de recouvrir d'autres photos, resplendissantes celles-là et tout aussi connues : celles du couple formé par Baader et Ensslin lors du procès de 1968, quand la RAF n'existait pas encore, et que les deux icônes pop furent condamnées à trois ans de prison pour l'incendie de deux grands magasins à Francfort[32].

La jeune démocratie allemande née en 1949 près de vingt-cinq ans auparavant, très soucieuse de faire profil bas en élisant pour capitale la minuscule Bonn, craint par-dessus tout la vague de sympathie dont bénéficie le groupe gauchiste à ses débuts. Après que le SPD (social-démocrate) et la CDU (conservateurs chrétiens) se sont alliés dans une grande coalition en décembre 1966 sous la direction de l'ancien nazi Kiesinger (chargé de faire le lien entre Ribbentrop et Goebbels, il était surnommé le « Goebbels de l'étranger »), une opposition antiparlementaire extrêmement virulente s'est développée et c'est en elle tout naturellement que la RAF compte puiser ses forces vives. L'État démocratique tâtonne et commence à tout hasard par afficher sur les arbres des sales gueules d'anarchistes, ça ne mange pas de pain.

Quelques attentats contre des bases US plus tard, après de nombreux braquages, quelques mois d'entraînement dans un camp palestinien, et une vague d'attentats en mai 1972 contre des intérêts américains, des institutions policières et juridiques, ce sont des corps menottés, hirsutes, hurlant, qu'on exhibe en boucle, ceux d'Andreas Baader et Holger Meins par exemple, le 1er juin 1972, après une longue fusillade filmée presque intégralement par plusieurs caméras de télévision convoquées sur les lieux. Le long corps maigre de Meins qui sort, en slip et bras levés, du garage où il tenait tête aux policiers ; Baader, blessé au genou, évacué vociférant sur une civière.

Commence alors – dans la prison ultra-sécurisée où les membres clés du groupe sont enfermés (Baader, Ensslin,

Meinhof, Raspe, Meins), prison présentée comme la plus sûre et la plus moderne d'Europe et dont il faut imaginer que sa seule description (hauteur des murs, matériaux employés, coûts, modes de financement et détails de la péréquation entre l'État fédéral et la région de Wurtemberg, etc.) remplit des articles entiers, se substitue au procès – un épisode de « folie à deux » entre les prisonniers et l'État (juges, procureurs, gardiens) où seuls quelques très rares avocats[33] réussirent à s'immiscer, à faire entendre un semblant de parole extérieure, mais toujours extrêmement précaire puisque la RAF entend contrôler entièrement sa défense et récuse violemment (insultes et hurlements dans le prétoire, etc.) les avocats commis d'office.

Aucun dialogue ne réussit jamais à s'instaurer entre le juge et les accusés, sauf sous une forme aberrante et ubuesque. Règne alors ce que Lévinas appelle « l'envers du langage » où aucune « parole réelle » n'est plus possible :

> L'envers du langage est comme un rire qui cherche à détruire le langage, rire infiniment répercuté où la mystification s'emboîte dans une mystification, sans jamais reposer sur une parole réelle, sans jamais commencer. [...] Situation que créent ces êtres ricanants, communiquant à travers un labyrinthe de sous-entendus que Shakespeare et Goethe font apparaître dans les scènes de sorcières où se parle un antilangage et où répondre serait se couvrir de ridicule. (Lévinas, *Totalité et Infini*, Martinus Nijhoff, 1971)

Entre la phraséologie de l'État – dont la ligne argumentative fixée une fois pour toutes consiste à considérer la RAF exclusivement comme une association criminelle, et qui réussit à imposer dans l'opinion le terme insultant de « bande à Baader » – et celle de la RAF – qui traite tout membre de l'État, le plus obscur de ses fonctionnaires, comme un complice objectif de l'impérialisme américain et des massacres perpétrés au Nord-Vietnam [34] – s'ouvre alors une véritable béance où le corps des prisonniers devient l'objet de toutes les attentions, l'ultime porteur de sens quand la parole commune fait défaut. Toutes les demandes d'ajournement, les recours en nullité, la guerre juridique entre la défense et l'accusation porteront sur l'état physique des prisonniers.

De juin 1972 à février 1973, Ulrike Meinhof, considérée comme la tête pensante du groupe, ancienne journaliste célèbre passée à la clandestinité en 1970 lors de la libération armée de Baader, est maintenue dans un isolement sensoriel quasi-total. Aucun bruit, aucun échange verbal avec quiconque ; éclairage électrique permanent. Elle décrira cette torture et l'effondrement mental consécutif dans des textes célèbres :

> Sentir ta tête exploser, sentir ta boîte crânienne sur le point d'éclater en morceaux. Sentir ta moelle épinière te remonter au cerveau à force d'être comprimée. Sentir ton cerveau comme un fruit sec. Se sentir sans cesse et inconsciemment et comme électriquement téléguidée. Sentir qu'on te vole tes associations d'idées. Sentir ton âme pisser de ton corps, comme si tu n'arrivais plus à fixer l'eau. Sentir la cellule bouger [...]. (Meinhof, *Textes des prisonniers de la Fraction armée rouge et dernières lettres d'Ulrike Meinhof*, Maspero, 1977)

La publicité donnée à ces conditions de détention joue en faveur des prisonniers. À rebours de cette sympathie, aujourd'hui encore, des articles et des livres expliquent doctement que l'ancienne journaliste a tout de même un peu exagéré – et qu'elle pouvait par exemple parler à un membre de sa famille ou à son avocat pendant quelques minutes hebdomadaires. Après sa mort, le cerveau de Meinhof sera très rigoureusement examiné – la thèse soutenue sans rire par des médecins étant que son passage à la lutte armée s'explique par l'opération qu'elle avait subie au début des années 1960. Il faut imaginer que trente ans après, exemple parmi d'autres de l'obscénité ambiante, on apprend que le cerveau en question a disparu mystérieusement de l'université où il était conservé.

Contre les conditions de détention, les prisonniers mènent trois grèves de la faim très dures. Ils sont alors alimentés de force. Lors de la dernière de ces grèves, Gudrun Ensslin précise que toutes les trois semaines, ou toutes les deux semaines, au choix, un des membres du groupe va se tuer, et que tous continueront jusqu'à ce qu'il soit mis fin à l'isolement. Holger Meins meurt en novembre 1974. Les prisonniers obtiennent quelques aménagements à leur isolement : ils sont regroupés dans un étage de la prison de Stammheim, on leur permet de se voir quelques heures chaque jour. Ces grèves de la faim (véritables guerres de la faim) sont devenues elles aussi, depuis, l'objet de toutes les méfiances. Tout se passe comme si le citoyen-spectateur allemand, si crédule par ailleurs, dans ces questions précises craignait de se faire manipuler. Meins est mort, concède-t-il, un peu agacé, mais les autres ? Se privaient-ils vraiment de nourriture ? Avez-vous des photos ? Des gros plans ? Dans les principaux livres sur la période[35], on rapporte que Baader a été surpris en train de manger des cuisses de poulet. Alors ? Qu'est-ce que vous dites de ça ?

La RAF, quand le procès s'ouvre officiellement en mai 1975, s'incarne dans ces quelques corps vivants, et uniquement en eux. Les prisonniers vont arguer de leur état de faiblesse (consécutif aux grèves de la faim) pour être déclarés inaptes à suivre le procès, et demander un ajournement. Ils ordonnent aux cellules formées à l'extérieur de tout mettre en œuvre pour les libérer. Ces groupes n'ont pas d'autre sens : libérer les corps emprisonnés des leaders, libérer la Vérité qui s'y incarne. Gudrun Ensslin déclare ainsi : « Le rival, l'ennemi absolu, l'ennemi public : la conscience collective, la morale des humiliés et des offensés, du prolétariat des métropoles – c'est Andreas Baader. D'où la haine de la bourgeoisie, de la gauche bourgeoise, concentrée sur lui. »

Par des prises d'otages et des attentats ciblés, ils espèrent négocier avec l'État une libération, chose qui ne paraît pas tout à fait irréaliste : en février/mars 1975, Peter Lorenz, candidat CDU à Berlin, est enlevé puis libéré contre des prisonniers d'un autre groupe d'extrême-gauche : le « Mouvement du 2 juin ».

Un rituel macabre se met en place : les prisonniers refusent de se plier aux règles de la procédure (déclaration d'identité, etc.), multiplient les déclarations politiques dénuant toute légitimité au tribunal, se voient interdits de prise de parole, insultent le juge, le procureur ou leurs avocats commis d'office, vont même jusqu'à se jeter sur eux, sont expulsés. Au sens strict, le procès n'a jamais lieu. En décembre 1974, le Parlement promulgue une série de lois, taillées sur mesure, qui bafouent les droits élémentaires de la « défense » (mise sur écoute des échanges entre prisonniers et avocats, interdiction de toute défense collective, interdiction de plaider pour un avocat simplement *soupçonné* d'avoir participé aux faits reprochés à son client). Un paragraphe est ajouté au code pénal (231a) permettant de poursuivre la procédure en l'absence des accusés : les grèves de la faim sont considérées comme des entraves délibérées à l'exercice de la justice.

Le 28 avril 1977, au 192e jour du procès, le verdict tombe (perpétuité) en l'absence des condamnés, dans une relative indifférence, au milieu d'une série d'assassinats, de prises d'otages et de suicides présumés qui achèvent d'ébranler le consensus politique fragile tissé dans l'après-guerre[36]. Un climat d'hystérie et de polarisation extrêmes s'empare du pays.

Suite au *Radikalenerlass* (décret sur les radicaux) de janvier 1972, la fonction publique est épurée de tous les fonctionnaires suspectés d'être les ennemis de la Constitution, tandis que Franz Josef Strauss, mentor de Helmut Kohl, un des principaux leaders du camp conservateur, réclame une exécution publique d'un membre de la RAF contre chaque otage tué.

À la fin 1977, l'équilibre macabre atteint son paroxysme. Le 5 septembre, Hanns Martin Schleyer, président du patronat allemand, ancien haut dignitaire SS, responsable de la purification ethnique de l'économie tchèque et de la fourniture des travailleurs forcés pour le Reich, est capturé sur le trajet du retour à son domicile. Son chauffeur et les trois policiers chargés de sa sécurité sont tués dans la fusillade. Hanns Martin Schleyer avait intégré Daimler-Benz en 1951, il en avait gravi tous les échelons jusqu'à devenir président du conseil d'administration en 1967. Peu de temps après, un avion de la Lufthansa rempli de touristes allemands en provenance de Majorque est détourné, contraint de se poser à Mogadiscio en Somalie. Après le refus catégorique de l'État de négocier une quelconque libération, l'équipage et les membres d'équipage sont libérés par les troupes spéciales allemandes, pressées de faire oublier le fiasco de leur intervention lors de la prise d'otages des athlètes israéliens aux Jeux olympiques de Munich en 1974. Au matin de la même nuit, on retrouve dans leurs cellules les corps « suicidés » des trois derniers leaders vivants : Baader, Ensslin et Raspe. Une ronde macabre d'autopsies, d'expertises et de contre-expertises peut alors commencer autour des cadavres pour déterminer la cause de leur décès.

Quelques semaines après cet automne allemand, le génie propre du cinéaste Fassbinder dans le film à sketchs *Allemagne en automne* (*Deutschland im Herbst*) consistera à exhiber brutalement devant la caméra les réactions de son propre corps, convulsif, suffoquant, aux événements de ce mois d'octobre, la paranoïa et l'hystérie qui s'emparent progressivement de lui mais aussi la possibilité d'un échange verbal même très violent, la possibilité d'une empoignade.

Aucun surplomb dans ce film, aucun discours, aucun recours au mythe (à l'époque, c'est le couple Antigone/Créon qui tient la corde) mais un geste, sidérant : celui d'exhiber les effets de la crise, d'extérioriser ce qui le ronge, et ce qui ronge les boyaux de tout un pays.

La presse de boulevard se repaissant des multiples scandales privés de RWF, j'imagine que les spectateurs savent que l'homme avec qui il s'empoigne avant de pleurer contre son épaule, c'est Armin Meier, accouché dans le cadre du programme nazi de régénération raciale, *Lebensborn*[37].

Restés célèbres, les propos souriants de sa mère qui concluent le documentaire de Fassbinder. « Le mieux, dit la vieille femme friable à son fils, ce serait une sorte dc dirigeant autoritaire qui serait tout à fait bon et gentil, qui serait quelqu'un de bien. »

PROCÈS DE CHRISTIAN RANUCCI, 9 ET 10 MARS 1976

Marie Cosnay

Dans quel ordre ? Celui des souvenirs ? Au moment du procès j'avais 11 ans, au moment de la mort par décapitation 11 ans et 3 mois, j'avais deux ans de plus quand Gilles Perrault écrivit *Le Pull-over rouge*[38] que ma mère me donna à lire. J'ai bel et bien écrit des lettres à Giscard, que je n'envoyais pas, pour qu'il accorde la grâce, retour printemps 1976. Je faisais du vélo sur les routes des Landes, cherchais en pédalant les arguments les plus fins, ceux qui toucheraient, qui rendraient la grâce incontournable, on comprendrait qu'on ne peut pas, au nom de la loi, trancher le cou de quelqu'un, un mot et vous serez guéris, monsieur le président, messieurs de la justice, je faisais du vélo, j'écrivais mentalement les lettres que j'écrivais pour de bon, après, dans ma chambre, le soir, les lettres que je n'envoyais pas.

Dans quel ordre ? Un enfant est tué puis un autre, on cherche le juste et supporte l'injuste, c'est tellement gros, on s'étouffe, 11 ans, 13 ans, plus tard.

Je me fichais de l'innocence, l'innocence était un élément de plus, un élément qui rendait le tout plus tragique encore.

Je ne me fichais pas de l'innocence : elle était une aggravation du tragique.

On décapitait un garçon au nom de la loi.

J'avais 11 ans.

Le jeune homme était accusé d'avoir tué de plusieurs coups de couteau et de coups de pierre une petite fille.

On le racontait coupable, on lui coupait la tête.

On posait une question, y répondait.

On tranchait.

On coupait en deux un garçon de 20 ans.

J'étais devant la question comme devant une porte affreusement ouverte ou fermée (affreusement ouverte ou fermée, jamais l'un et l'autre en même temps), j'allais de crise d'asthme en crise de tachycardie sous le lit de ma chambre.

J'écrivais des lettres à Giscard d'Estaing et à Lecanuet.

J'écrivais à Simone Weil.

Avant la mort de Christian Ranucci, j'écrivais des lettres pour la grâce.

Après, pour l'abolition de la peine de mort.

Le monde me rentrait dedans.

Je posais des questions.

Deux questions, successivement :

Comment le juste pouvait être injuste dans la loi.

Comment le juste pouvait être encore plus injuste dans les faits – qu'on arrangeait paresseusement en récit bon à tout, bon à répondre, bon à fermer une fois pour toutes la porte ouverte d'une question.

La mort de Christian Ranucci, l'enfant que j'étais sous le lit de ma chambre, la tachycardie sans relâche. J'écrivais sans les envoyer des lettres pour la grâce puis des lettres pour l'abolition de la peine de mort et des lettres de scandale à tous les membres du gouvernement j'écrivais des lettres essoufflées de scandale j'écrivais sans les envoyer les lettres de scandale allongée sous mon lit étouffée de tachycardie et mes parents qui s'inquiétaient de mon obsession-Ranucci rencontrèrent, par le hasard d'amis communs, dans sa villa de Seignosse, le chef de la sûreté de Marseille, monsieur Cubaynes, un de ceux qui avaient mené l'enquête en 1974, un de ceux qui avaient oublié le pull-over rouge et confondu Simca et Peugeot, un de ceux qui avaient entendu ou pas entendu les témoins, mes parents invitèrent le commissaire Cubaynes à m'expliquer l'affaire – il raconta le procès, le couperet, la culpabilité dont il ne doutait pas – Cubaynes ne cherche pas autour d'un crime mais cherche un criminel, j'ai 13 ans, je sens que criminel (ou pas) on échappe toujours un peu à ce qu'on est, fait. J'ai 13 ans, je veux le temps à remonter, le garçon deux ans avant les couloirs de la mort, je ne veux pas qu'on re-tue ici, sur le canapé de cuir, le garçon qui est mort, j'aimais le beau visage du garçon mort deux ans auparavant, vous donnez aux questions sans réponse des réponses qui tranchent, cela me fait scandale, *un enfant est tué* me fait scandale. *Un enfant est tué* après de faux, en tout cas d'expéditifs procès, des explications psychologiques ridicules dont le temps se moquera, des raisons sans raisons, des pièces à conviction oubliées, l'illusion totale de gars comme Cubaynes qui pensent dissuasion, la saloperie de gars de la télé qui prononcent « la France a peur » et « vague meurtrière », inventant en 1974 quelque chose comme le storytelling dont le XXIe siècle sera champion. La paresse, l'illusion, la bêtise et l'injustice de la justice me faisaient scandale, j'aimais Christian Ranucci, je l'aimais d'un amour secret et interdit, j'aimais un mort et j'aimais un prénom, je ne voulais pas de ce monsieur Cubaynes qui comme un imbécile à une question, un crime obscur, répondait par un garçon (un garçon à Peugeot, à lunettes, à insolence), qui cherchait l'homme plutôt que le mystère parce que le mystère fait peur ou fatigue, qui plutôt que de tourner et retourner une question obscure coupait en deux un garçon de 20 ans.

Les cheveux coulaient dans la cuisine, la salle de bains, envahissaient la maison qui était une maison de cheveux et d'humeurs, j'allais exploser sur et sous les cheveux, Cubaynes aussi exploserait pris au piège des ongles, cheveux et humeurs diverses, mes parents craignaient la suite, se disaient que ça n'avait pas été une si bonne idée de faire venir à la maison le commissaire en vacances à Seignosse qui avait enquêté et si mal enquêté et je n'ai pas d'autres souvenirs – une sorte d'évanouissement ou d'éblouissement comme celui que connut pour son plus grand malheur un garçon de 20 ans dans sa voiture accidentée – ce désir de suivre le flot des cheveux qui poussaient avec les ongles, les griffes, la douleur crue comme si on tuait quelque chose à moi, un morceau de moi, un morceau de mère, c'est ça, on m'arrachait une mère, une mère inconsolée, j'étais l'enfant tuée, à la mère arrachée, je suppliais tout en laissant mes griffes et poils pousser, ça se passait dans la forêt, il y avait un cri, un sanglot, unique et discret parce qu'on est des gens comme ça, on m'arrachait une mère pour toujours, je baignais une mère d'une chevelure de consolation, je commençais à ne pas résister, ça pleurait dans le ventre d'abord puis le crâne, je contenais alors je fourmillais.

Le salon, le canapé de cuir brun, un peu rouge, monsieur Cubaynes, sûr de lui, au début comme à la fin.

À la fin, Cubaynes a dit : *j'ai assisté à l'exécution et croyez-moi, cela ne m'a rien fait de voir sa tête tomber, aucune émotion, il est coupable et la loi c'est la loi.*

J'ai vu la tête du garçon tomber. Un fleuve tout-puissant de cheveux et d'humeurs se levait, j'ai couru à ma chambre, n'ai pas répondu, laissé mes parents se débrouiller avec Cubaynes.

*

On est en 1976. Giscard d'Estaing deux ans auparavant semblait favorable à l'abolition de la peine de mort. Son gouvernement ne suivait pas. En 1975, le 4 février, Michel Poniatowski, ministre de l'Intérieur, expliquait que *dans certains cas* (les crimes contre les enfants ou les personnes âgées), la peine capitale trouvait une justification. Plus tard, Giscard d'Estaing lui-même penserait *dans certains cas*.

Les grands escrocs, les spéculateurs fous, les esclavagistes modernes, les réseaux de prostitution n'étaient pas concernés. Pour les tueurs fous d'enfants et de vieilles personnes, la peine de mort se justifiait, selon Poniatowski et l'opinion publique. Le corps coupé en deux (qu'on peut poser malgré la loi en vigueur en 1976 comme transgressant nos manières de voir un homme et l'humanité, debout, tête et corps ensemble) et dont les vieilles mythologies disent quelque chose (Orphée a la tête coupée par des femmes qui le désirent et Penthée la tête arrachée par sa mère qui fête le dieu du vin), le corps détaché de la tête concerne donc, avant 1981, en France, ces cas où un « individu-victime », portant des traits distinctifs (faiblesse, enfance) rencontre un « individu-criminel » aux traits d'outrance, quelque chose comme la folie, l'explosion, ce qui n'est pas la démence, parce que le fou explosif reste responsable.

Dans certains cas, donc.

On a tout un tas de phrases, ainsi, qui jalonnent le XXe siècle médiatique, qui sont celles d'une pseudo-sagesse que rien ne semble pouvoir contredire – et en effet on ne peut pas contredire parce que tous les termes du raisonnement qui mènent à ce genre de phrases sont faux.

Il y a *des cas où*. La philosophie, la psychanalyse, l'anthropologie, des siècles d'études pour comprendre quel est le rapport à la volonté, à la culpabilité, ce qu'est le mal, la folie, comment on punit, ce qu'on punit, qui punit, ce qu'on ne punit pas mais accepte collectivement, et un ministre de l'Intérieur, ni le premier ni le dernier, parlera comme si de rien n'était à la manière de ce monsieur dans le café PMU de mon quartier – mais je crois que c'est le monsieur du PMU qui finit par parler comme le ministre. *Il y a des cas où*. Pourquoi, lesquels, au nom de quoi, etc., qu'est-ce qui pousse à, qu'est-ce qu'on change, peut changer : on ne veut pas savoir.

Les cas de Poniatowski sont repris par Lecanuet, auxquels Pompidou, air des temps mais ces temps sont d'hier, se référait. Les années 1974-1976 sont des années où le nombre de chômeurs augmente comme le prix du pétrole, des années où se ferment les frontières. On organise un débat médiatisé sur la peine de mort – pas de problème, le pourcentage de ceux qui pensent qu'*il y a des cas où* grossit de manière conséquente. 22 avril 1976, Giscard d'Estaing affirme qu'il ne peut s'attaquer au problème de la peine de mort avant que « la vague de criminalité ne soit retombée ».

Il y a donc une vague de criminalité.

Je ne sais pas et n'ai pas cherché à savoir si on peut dire objectivement que les années 1970 sont en effet, au cœur du XXe siècle, des années à vague de criminalité, je ne sais pas si on assiste pour de bon à la multiplication des enlèvements ou des meurtres d'enfants, je ne sais pas si c'est un fait, c'est possible que ce le soit, les temps ont des symptômes.

Des enfants sont tués. *Un enfant est tué.* Cet enfant, comme celui qui est battu[39] c'est l'autre et c'est moi peut-être. On est l'enfant battu ou tué. Celui qui peut battre et tuer. Possible qu'on soit celui dont on a peur. Vague de criminalité réelle ou imaginaire ? Cela revient au même. La peur n'est pas celle qu'on dit mais c'est une peur et sur les peurs il est facile de jouer et les peurs justifient qu'on quitte les façons civilisées qu'on a plus ou moins bien acquises, la très grande peur (spontanée, entretenue, psychique, sociale, peu importe) peut te mener à quitter les habitudes et les mœurs que ton siècle entretient ailleurs par rapport au corps – et puis Christian Ranucci est l'enfant de « pas de chance », c'est lui qui écrit quelque chose comme ça en 1978, juste avant l'échafaud, il est l'enfant de pas de chance, : quatre jours avant l'ouverture de son procès, Patrick Henry, drôle de personnage capable de jouer les innocents, qui a tué un enfant quelques mois auparavant, est arrêté – Patrick Henry, qui s'est mis l'opinion publique, avec son hypocrisie ou jeu pervers, à dos, Patrick Henry qu'on a cru coupable puis innocent puis coupable de nouveau, Patrick Henry, qui a même, devant les caméras de télévision, réclamé la peine de mort pour les tueurs d'enfants – ces fameux *cas où*.

Le procès de Christian Ranucci va dépendre de l'affaire Patrick Henry. En tout cas les avocats les premiers l'évoquent, même si c'est pour écarter la comparaison. La mère de Christian Ranucci et ses avocats seront conscients qu'ils ont là un problème d'image, qu'il faut donner une autre histoire, faire un autre récit. Ils tenteront. Ils n'y parviendront pas. Christian Ranucci se demandera s'il a à faire à une machination, comme il dit, ou à une série d'erreurs cruelles, tragiques.

Une enfant est tuée. Plusieurs, puisque c'est, si on écoute Giscard, un signe des temps. Un autre enfant est tué, on ne le griffe pas au visage, on ne le perce pas de coups de couteau, on lui coupe la tête. Quarante années plus tard, alors que la plupart des acteurs de l'histoire ont disparu, on cherche encore. Voir après coup les grandes lignes, les forces, les traces, les appels que fait l'histoire à du récit antérieur et à la psychanalyse : que faire par exemple d'un père, de l'absence d'un père ? De la visite niée par le père, la veille des faits, au père ? Que faire d'un père que le danger extrême ne fait pas fléchir une seconde, qui n'offre pas un alibi à ce fils perdu de vue qu'il pourrait retrouver alors ?

À l'émotion que j'avais à 13 ans, que j'ai toujours, à l'émotion intacte de mes 13 ans, j'en ajoute une : il y a des événements qui déchirent en deux le tissu de l'Histoire. Un événement, le 28 juillet 1976, fait plier le monde et ce qu'on est d'une certaine façon.

*

Aix-en-Provence, la salle des assises ne peut pas accueillir tout le monde le 9 mars 1976. Deux jours de débats à venir. De débats sur la culpabilité ou pas de Christian Ranucci et sur le maintien ou pas de la peine de mort. Les deux débats mêlés ne joueront en faveur ni de l'un (l'enquête à propos de la mort de Marie-Dolorès Rambla est bâclée) ni de l'autre. Pas sûr que des sondages d'opinion, des déclarations catastrophées à propos de vagues de criminalité soient un débat, pas sûr que l'incarnation du fameux *cas où* (crime d'enfant), un corps et un nom de 22 ans, ne déchaîne pas les passions plutôt que les capacités à débattre. Pas sûr qu'on puisse juger un gamin comme ça, quelques jurés, dix hommes, une femme, deux jours de procès, cinq rencontres entre Christian Ranucci et Ilda Di Marino, la juge d'instruction, sur la base d'aveux rétractés (la reine des preuves, *probatio probatissima*) – de quelque manière qu'on les obtienne – et ce n'est pas ahurissant d'apprendre qu'on les obtient par la violence, psychique ou physique, même si on se montre, quand Ranucci le dénonce, ébranlé et incrédule. Quand la réalité ressemble tant à nos fictions noires, on a tendance à faire fiction de la réalité.

Des aveux ? Chacun sait qu'il peut lui arriver, en certains moments, pris dans le désir, le rêve de l'autre ou soumis aux ordres de l'autre, de douter de ce qu'il est ou a fait.

On a un bon scénario avec les ingrédients d'un bon scénario : coïncidences, invraisemblance, unité de lieu, de temps, aveux arrachés sous la torture (physique et/ou psychique), légèreté de l'enquête, « machination » comme dit Christian Ranucci, preuves disparues ou éléments manquants, amnésie, enfance, manque de père, présence de mère, fond de culpabilité, le bon scénario, on va rentrer dans la fiction pour de bon.

Christian Ranucci, qui a beaucoup réfléchi et écrit jusque-là, est le seul, au procès, à faire cet effort acharné pour quitter les endroits de fascination et en venir aux faits, à ceux qui résistent et à ceux qui ne résistent pas. Il le fera maladroitement. Il a 22 ans. Il porte un costume bleu soigneusement choisi par sa mère pour faire bonne impression et qui fera l'inverse. Il ne veut pas savoir les codes, il a la volonté de savoir tout court, la force de l'innocence. Je ne dis pas qu'il est innocent : je dis qu'il a la force qu'il aurait s'il l'était. Il a la force de l'innocence. Il est maladroit encore quand il s'emmêle les pinceaux – ou les couteaux.

Ce couteau, lui appartient-il, oui ou non, il dit oui à son avocat, il dit non dans ses écrits, il dit « négatif » au procès mais on ne sait pas bien à quoi il répond, alors. J'imagine dans quel état euphorique de dévoilement de vérité il est, les éléments qu'il a listés et compris jusque-là seront-ils vus par tous comme lui les voit, il est à la fois convaincu et à la fois cherche à convaincre *et ne cherche pas à convaincre* tant il a raison, tant pour lui les erreurs et le complot policier sont évidents, tant les recompositions sont évidentes – mais l'écheveau est si compliqué, il risque tant, il a 22 ans, on l'embrouille bien qu'il ne s'embrouille pas beaucoup jusqu'à ce que oui, il s'embrouille, se contredise, a-t-il été influencé par la visite du jeune avocat juste avant le début du procès, le couteau, le couteau il y a ce couteau, l'a-t-il jeté, abandonné, oublié, cette histoire de couteau, de pantalon taché de sang, les seuls éléments qu'il ne peut pas expliquer, faire rentrer dans le récapitulatif, encore qu'il a des hypothèses, il faut faire coller, il ne les fait pas coller moins bien que ne le font les autres, en face, mais il ne les fait pas coller très bien non plus, ici, arrivé au couteau on entend le flottement – l'erreur, le trouble, il y a quelque chose, mais quoi, on met à la place de ce quelque chose, ce quoi, un meurtre, le meurtre d'une enfant, Marie-Dolorès Rambla. Un assassin de 20 ans.

– Vous êtes bien sûr que le couteau que les gendarmes ont retrouvé sur vos indications vous appartient ?

– Je vous l'ai déjà dit cent fois : ce couteau est bien à moi. Si vous le jugez nécessaire, je dirai tout à l'heure qu'il n'est pas à moi, mais ce serait un mensonge. Ce couteau m'appartient.

Madame Mathon, la mère de Christian Ranucci, ne regarde personne. Pierre Rambla entre avec son avocat, Gilbert Collard, du même âge, ou presque, que l'accusé. Les journalistes sont si nombreux que les avocats n'ont pas assez de place. Gilbert Collard, dont tout le monde dit qu'il est brillant [40], s'assied à côté des défenseurs de Ranucci.

Jacques Antona est président de la Cour d'assises. La ville est en travaux, il fait chaud.

Les jurés sont onze. Une seule femme, sans profession, 35 ans.

Christian Ranucci regarde le public. Il porte un costume bleu et par-dessus, une grande croix en pendentif. Il a à la main un petit carnet où il a consigné tous les éléments. Il écoute l'acte d'accusation.

Le crime, ce geste horrible et obscur. Un homme, contre qui l'opinion se déchaîne. Ne pas chercher du côté de l'acte (ses possibilités, ses impossibilités) mais châtier un homme [41]. La victime, petite fille dont plus tard l'avocat général invoquera la présence par-delà la mort à ses côtés, et le jeune homme. On fait de l'une la victime sacrée, de l'autre le bourreau sans circonstances atténuantes, pas dément, homme normal, disent les experts, pourtant *monstre*, dira le commissaire Alessandra, quand Christian Ranucci l'accusera publiquement de l'avoir torturé pour obtenir ses aveux.

Homme normal ou monstre, selon les besoins.

Homme normal, couvé par sa mère et réservé, dont le cerveau explose, écrira Gérard Bouladou [42], au point de défigurer une petite fille avant de la tuer.

Ranucci à Alessandra qui le traite de monstre : *Je briserai votre carrière.*

Les expertises sont idiotes : jeune homme renfermé, couvé par une mère qui déménageait souvent. Ranucci est agacé. Dans le Palais de justice son costume voyant (bleu canard, écrit Karin Osswald [43]), sa croix en pendentif et son attitude arrogante agacent. Il balaie d'un revers de la main les sornettes des médecins.

Si j'ai tué une enfant, quel intérêt de venir expliquer que ma mère m'a couvé et que je suis timide. Les avocats vont proposer des examens physiologiques, encéphalographie gazeuse, taco-encéphalographie, cherchant les preuves scientifiques du caractère et de la responsabilité, on va d'un motif extrêmement flou et large, unc mère qui couve, à une science qu'on croit dure, quelle fatigue, Christian Ranucci en sait long sur le fait que telles causes ne produisent pas systématiquement tels effets, que le mystère et l'inconnu sont béants, qu'on n'en rendra compte ni par sa psychologie d'enfant aimé par une mère normalement imparfaite ou un scanner de cerveau.

Il s'énerve.

Il a été aimé.

Sa mère a déménagé selon ses boulots et voilà.

Si on pouvait expliquer les meurtres d'enfants par traits psychologiques et scanners du cerveau.

Il s'énerve.

Il faut refaire le parcours. Il a dormi à Marseille, pas à Salernes où il a avoué qu'il avait dormi parce qu'on l'y a contraint. Les policiers l'ont frappé. Il a dormi à Marseille. Cela n'a pas une importance capitale, Salernes ou Marseille, à ce genre de détail on voit qu'il s'acharne et qu'il tient à ce qu'il a, à ce qu'il sait. Il sait qu'il a dormi à Marseille. Il est à la fois le plus lucide et le moins habile de tous.

Il dit alors quelque chose que je trouve important. S'arrêter à cette phrase que dit Christian Ranucci à cet instant. Juste après qu'on a fouillé, à la loupe et maladroitement, dans sa vie privée et dans celle de sa mère. Juste après qu'il a dit avoir avoué sous les coups de matraque des choses qui ne sont pas, l'endroit où il a dormi (*ils voulaient à tout prix me faire dormir à Salernes, alors j'ai dit aux policiers que j'avais dormi à Salernes*), Christian Ranucci annonce : *Reprenons par ordre chronologique. Reprenons dans l'ordre chronologique, sinon on n'y comprendra rien.*

Il dicte au président ce qu'il convient de faire.

Murmures dans la salle, le jeune homme accusé d'un crime affreux ose prendre les choses en main et parler à l'impératif.

Vous voulez comme moi y comprendre quelque chose ? *Reprenons par ordre chronologique.*

La salle est scandalisée.

*

Le sommeil est un thème récurrent dans les contes. L'enfant victime et le jeune homme, hypothétique meurtrier, sont touchés au visage. Il y a des contes cruels.

Dans une histoire, qui n'est pas un conte mais un récit que fait Montaigne [44], une femme de village, veuve et chaste, ressent les premiers signes d'une grossesse qu'elle ne comprend pas puisqu'elle n'a pas de mari. Elle promet qu'elle épousera celui qui lèvera le mystère. Bientôt, un jeune valet enhardi par la promesse déclare l'avoir trouvée, un jour de fête, prise de vin, « si profondément endormie qu'il s'est servi d'elle sans l'éveiller ». Le sommeil des femmes est un risque. Le corps féminin est abandonné, l'ivresse rend profond le sommeil, voilà que s'accomplit en toute innocence ce qu'on ne se permettrait pas en état de veille. Un événement a lieu, rien à voir avec la mort d'un enfant mais tout avec sa conception. Un moment d'absence, en pleine innocence de la femme qui s'abandonne et de celui qui rapte. L'innocence, par le sommeil, est offerte aux deux parties, femme chaste et veuve et jeune valet violeur. Les récits sont nombreux d'une femme endormie, oublieuse, enivrée, à qui advient une violence. Ici, dans le récit de Montaigne, la violence est porteuse : l'innocence, la vie conjugale qui fait suite et l'enfant. Il y a un autre récit, antérieur et fondateur, où le moment de conception de l'enfant passe à la trappe de l'explication. Une femme donne naissance à un enfant, elle est la plus innocente de toutes : on sait la violence qui sera faite à l'enfant de cette première innocente. Enfance et mort fatale, naissance et fin violente sont atrocement mêlés. C'est d'autant plus insupportable quand il arrive que le réel nous propose des acteurs de chair et d'os, des responsables du lien impensable enfance-mort – des tueurs d'enfants. Les fameux *cas où*.

Si le sommeil d'après-beuverie atteint les femmes et leur offre des enfants, à Christian Ranucci, dans le récit qu'il tente de reconstituer après ses premiers aveux, le sommeil après alcool a porté, sur les lieux où il s'est aventuré, la mort d'une enfant. D'après le récapitulatif qu'il fait lui-même : il s'est arrêté après son accident au carrefour de la Pomme sur le bord de la route. Il a réparé sa portière et la roue contre laquelle frottait le pare-chocs. Il était fatigué. L'histoire s'arrête ici pour lui. Elle reprend dans une champignonnière, pas très loin de la route, mais il a fallu rouler quand même, la voiture à peu près réparée est coincée dans la tourbe, qu'il essaie avec des branchages de désembourber. Il n'y arrive pas, va trouver le patron de la champignonnière, boit le thé avec lui, repart à Nice.

La suite, on la connaît : le corps de la petite fille est trouvé le 5 juin, le numéro d'immatriculation de la voiture accidentée de Ranucci est donné par les époux Aubert, qui l'ont suivi après l'accident au carrefour de la Pomme.

Il en est, dans ce récit, du corps de Ranucci comme du corps d'une femme endormie après l'ivresse, un corps dont on abuse ou peut abuser pour que quelque chose comme un enfant en surgisse. Une enfant morte.

Le corps de Ranucci, corps abusé par celui qui le déplaça lui et sa voiture et tua l'enfant ?

Du sommeil à l'oubli, au trou de mémoire. Le trouble de mémoire est une défaillance narrative. Je ne peux pas raconter ; je me suis endormi, évanoui ; il s'est passé quelque chose que je ne peux pas raconter ; dans un deuxième temps, je tente de recomposer l'énigme qui gît au fond du trou. Je tente de la recomposer dans l'ordre.

« L'ordre chronologique est toujours l'élément le plus vulnérable des souvenirs et celui qui subit le premier effet du refoulement[45]. »

La chronologie est rudement attaquée et c'est à celle-ci qu'à la fin de la première journée de procès, Christian Ranucci ordonne au président de retourner. Une chronologie. Un récit possible. Innocent ou coupable, Christian Ranucci a perdu le récit. Innocent ou coupable il y a eu ces moments, de longs moments, où pris dans le récit des autres, il n'a rien su. Maintenant il veut retrouver la trame.

Dans le récapitulatif qu'il fait, ici, au procès, en 1976, Christian Ranucci semble atteint d'un nouveau trou de mémoire. On raconte qu'il a rendu visite, le matin de l'assassinat de la petite fille, à ce père qu'il ne connaît pas. Six témoins ont certifié la visite, que le père a niée. Le jeune avocat Collard, lors du procès, a fait finement le lien entre les coups portés au visage de l'enfant et le vitriol envoyé par le père de Christian Ranucci sur la mère, alors qu'il était enfant. Cette violence, ainsi que la menace d'enlèvement, serait à l'origine de la fuite de la mère et de l'enfant, de leurs nombreux déménagements. Visage et enlèvement, des signifiants communs aux deux séries, celle de la vie d'enfant de Christian Ranucci et celle de la petite morte, Marie-Dolorès. Le visage de la mère, le visage de l'enfant Marie-Dolorès. Puis le visage de Christian Ranucci. Tous les trois blessés, dans cet ordre chronologique.

L'accusé cherche la chronologie avec acharnement et maladresse, comme on cherche la mémoire. Que s'est-il passé le 3 juin 1974 dans cette champignonnière près du carrefour de la Pomme – peut-être une scène à trois puisqu'un pull-over est le signe d'un autre homme, une trace à suivre, qu'on n'a pas suivie. Qui reste à suivre. La piste reste à suivre que Ranucci, dans son costume bleu, engagé dans la vie à laquelle il croyait encore – ou de nouveau – cherchait avec confiance et aplomb les 9 et 10 mars 1976.

Quarante années plus tard, les forums consacrés à l'affaire voient s'enflammer les passions. Culpabilistes et innocentistes se déchaînent. Les pistes inexplorées, les pullovers, les pantalons et couteaux, les pièces à conviction qui perdent leur propriétaire, leur lieu et leur temps, les voitures qui se déplacent mystérieusement, les pères dangereux et secrets, dans tous les cas drôlement absents, absents du discours, les accidents aux carrefours tout près de l'endroit où on écrase le visage d'une petite fille, les oublis qui ne sont pas seulement ceux de l'assassin présumé mais ceux des enquêteurs, l'invraisemblable qui pourrait être vrai, les figures du mythe ou du conte cruel qui rejoignent le fait divers, tout cela nous fascine, nous qui sommes en quête, comme Ranucci, d'un récit.

Mais nous ne risquons pas la décapitation ; nous gardons ce luxe d'y aller en désordre, de nous laisser envahir d'impressions, de flous et de réminiscences, de poser les questions et de laisser flotter un peu.

J'ai aimé Christian Ranucci d'un amour secret et interdit. J'écrivais des lettres à Giscard d'Estaing pour qu'il abolisse la peine de mort, pour qu'il gracie le garçon. Je m'effondrais devant Cubaynes qui disait ne pas s'effondrer devant la mort d'un jeune homme. Qui pensait qu'on pouvait poser une question et y répondre aussi sec, d'un coup de lame sur le cou d'un garçon.

PROCÈS DE LA PRISON D'AJACCIO, JUILLET 1985

Jérôme Ferrari

Je l'ai appris par les informations télévisées, en juin 1984, de la voix d'un journaliste qui écorchait leurs noms. On les voyait sortir tous les trois de la prison d'Ajaccio, menottés et entourés par des policiers qui les ont fait monter dans ce qui ressemblait à un gros camion de déménagement. Pantaléon Alessandri a dû apercevoir la caméra le premier et il a levé les bras au ciel. Bernard Pantalacci l'a imité et puis Pierre Albertini qui a crié deux fois, de toutes ses forces : *Evviva u Fronte* – vive le FLNC. J'avais 15 ans et c'est cela que je me rappelle, les bras levés, les menottes brandies comme des bracelets d'or pur, le cri de Pierre Albertini et le frisson qui m'a traversé en l'entendant.

Un an auparavant, Guy Orsoni, militant nationaliste et trésorier du Front, avait disparu entre Sartène et Porto-Vecchio. On ne le retrouva jamais. Il avait été enlevé, torturé et tué par des voyous du Valinco. La police interpella deux des membres de la bande, Jean-Marc Leccia, chimiste spécialisé dans la fabrication d'héroïne, et Salvatore Contini. Le FLNC décida de les exécuter dans la maison d'arrêt d'Ajaccio où ils étaient incarcérés, ce qui fut fait le 7 juin 1984. Au moment de prendre la fuite, le commando tomba sur les hommes du commissaire Broussard et, après quelques heures de négociations, fut forcé de se rendre. Au moment où les portes du camion se refermaient sur eux, Pierre Albertini, Pantaléon Alessandri et Bernard Pantalacci ignoraient sans doute encore que deux de leurs camarades qui faisaient le guet dans la rue en attendant leur sortie avaient été arrêtés avant eux. Il s'agissait de Georges Moretti et de Jean Vesperini, mon cousin.

En Corse, l'affaire de la prison d'Ajaccio eut un retentissement inouï. Il s'était passé quelque chose qui mobilisait des références culturelles si profondément ancrées dans les âmes que personne, même parmi les opposants politiques du nationalisme, ne pouvait manifester de réprobation. Il me semble me souvenir que mes grands-parents eux-mêmes, qui vouaient pourtant à la République un véritable culte, avaient le sentiment que la justice, cette justice éternelle dont aucune loi ne saurait ternir l'éclat, avait été rendue par des hommes d'une irréprochable probité morale. Mais il était fort improbable que le tribunal qui allait les juger partage ce sentiment.

Le procès s'ouvrit à Lyon, en juillet 1985.

Pierre Albertini lut un texte commun, très politique, dans lequel les accusés reconnaissaient leur appartenance au FLNC et assumaient la responsabilité collective des assassinats vengeant la mort de Guy Orsoni.

La défense n'espérait évidemment pas faire admettre à la Cour la stricte légalité de la vendetta, surtout lorsqu'elle s'exerce au détriment de la présomption d'innocence. Il fallait donc convaincre les jurés qu'en raison des implications politiques de l'affaire Orsoni, aucune issue judiciaire satisfaisante n'était envisageable et que la présomption d'innocence, appliquée à Leccia et Contini, relevait d'un goût immodéré du formalisme ou de la simple plaisanterie.

Ce dernier point fut le plus facile à établir. Jean-Marc Leccia était impliqué depuis des années dans le trafic de drogue international ; quant à Salvatore Contini, c'était un assassin et un spécialiste des enlèvements. Une de ses victimes venue de Sardaigne témoigna des talents de tortionnaire et de la remarquable cruauté de son ravisseur ainsi que de son habitude peu recommandable de faire disparaître les cadavres en les donnant à manger aux cochons. Le contraste avec la personnalité des accusés n'aurait pu être plus saisissant. La police tentait d'accréditer la thèse – totalement fausse, du moins à l'époque – d'une dérive crapuleuse du FLNC et, pour les avocats, il était donc essentiel que l'affaire n'apparaisse pas comme un règlement de comptes entre factions mafieuses.

Pour tenter de justifier le recours à la vengeance privée, il fallait établir qu'au-delà de son aspect culturel, elle était en l'occurrence le seul recours possible. La manière dont se déroulait l'instruction de l'affaire Orsoni constituait, d'après la défense, un déni de justice. Un procès-verbal dans lequel un membre de la bande du Valinco avait révélé que Guy Orsoni avait été tué après avoir été torturé par Contini avec un chalumeau avait mystérieusement disparu du dossier, toutes les demandes d'investigation présentées étaient restées lettre morte et, quelque temps avant sa mort, Leccia lui-même avait confié à un codétenu sa certitude d'être acquitté. Les soupçons de connivence avec certaines officines de l'État ne paraissaient pas totalement absurdes.

À aucun moment du procès le procureur ne traita les accusés comme de vulgaires criminels, jamais il ne leur témoigna de mépris, mais son réquisitoire fut très dur. Il demanda aux jurés de condamner le FLNC pour l'avenir. Bien évidemment, il ne pouvait se satisfaire d'une revendication de responsabilité et il essaya d'établir quel avait été le rôle de chacun à l'intérieur de la prison. D'après ses déductions, Pantaléon Alessandri n'avait matériellement pas pu tirer sur Leccia et Contini ; il demanda pour lui une peine de vingt ans de réclusion. Pierre Albertini et Bernard Pantalacci devaient être reconnus coupables d'assassinat et condamnés à la réclusion criminelle à perpétuité. Pour Georges Moretti et Jean Vesperini, le procureur demanda huit ans.

Dans sa plaidoirie, maître Antoine Sollacaro ne voulut pas négliger l'aspect culturel de la vendetta. Il cita un *voceru*, un chant funèbre que les femmes de la famille d'un défunt improvisent près de son cadavre en s'adressant à lui comme s'il était encore vivant. Dans les cas de morts violentes, les *voceri* comportent toujours un appel solennel à la vengeance. La haine vouée aux assassins est souvent l'occasion d'un débordement baroque d'images sanglantes. Celui que choisit maître Sollacaro est particulièrement cru. En voici deux strophes :

O Mattè di a surella	Matthieu, chéri de ta sœur
Di u to sangue preziosu	De ton précieux sang
N'anu lavatu la piazza	Ils ont lavé la place
N'anu bagnatu lu chjosu	Et inondé les champs
Un hè più tempu di sonnu	Il n'est plus temps de dormir
Nè più tempu di riposu	Ni de se reposer
Or chì tardi, o Cecc'Antò ?	Qu'attends-tu donc, Cecc'Antò ?
Ordili trippa è budelli	Arrache tripes et boyaux
Di Ricciottu è Mascarone	À Ricciotu et Mascarone
Tendili tutta à l'acelli	Pour les donner en pâture aux oiseaux
O ! Chì un nuvulu di corbi	Oh, qu'une nuée de corbeaux
Li spolpi carne è nudelli[46]	Leur dévorent les chairs

Ce choix était sans doute risqué. Les jurés pouvaient-ils entendre dans ces vers autre chose qu'un déferlement de sauvagerie ? Rien n'assurait qu'ils seraient sensibles à la douleur qu'exprimait cette voix insensée et qu'ils percevraient, à travers elle, la force d'une injonction impitoyable à laquelle nul ne peut se soustraire. Je n'ai pas entendu cette plaidoirie, j'en ignore même le détail. Mais mon cousin Jean Vesperini m'a assuré que quand Antoine Sollacaro, épuisé, en eut terminé, maître La Phuong, qui devait lui succéder, renonça à plaider. Il demanda simplement aux jurés de se rappeler que Guy Orsoni avait été torturé. Je suppose qu'un pénaliste aussi talentueux ne prend pas une telle décision à la légère.

En attendant le verdict, les accusés avaient décidé qu'ils étaient prêts à faire dix ans de prison. Si la peine était supérieure, le FLNC essayerait d'organiser leur évasion. En reprenant sa place dans le box, Jean remarqua que quelques jurés avaient les larmes aux yeux. Pierre Albertini, Pantaléon Alessandri et Bernard Pantalacci étaient condamnés à huit ans de prison. Avec Georges Moretti, mon cousin écopait de trois ans – et il sentit la main de maître Sollacaro se refermer sur la sienne.

La clémence du verdict était extraordinaire. Le procès s'était tenu alors que la Cour de sûreté de l'État n'existait plus et que les lois antiterroristes de Pasqua n'avaient pas encore été promulguées. Quelques années de plus ou de moins et les accusés n'auraient pas comparu devant un jury populaire. Nul doute que la sentence aurait alors été différente. Les magistrats professionnels n'ont pas la larme facile.

Dans la longue histoire du nationalisme corse, l'affaire de la prison d'Ajaccio et le procès de Lyon occupent une place à part. Ce fut, de bout en bout, une victoire politique que ne venaient ternir aucune forfanterie, aucune concession, aucune ombre. Personne ne put mettre en doute la pureté des intentions des accusés. Leur honnêteté était évidente, non seulement aux yeux des jurés mais aussi à ceux du juge d'instruction, du président du tribunal et même à ceux du procureur.

En évoquant leur histoire, je n'ai même pas voulu tenter de me montrer objectif parce que je ne peux pas l'être. Elle est entourée d'une aura mythique à laquelle je suis sensible, presque malgré moi, aujourd'hui encore et je ne peux y penser que comme on pense à un paradis perdu. Car les choses tournent mal, bien sûr, elles tournent mal et les mythologies n'y peuvent rien changer. Dès la fin des années 1980, le mouvement nationaliste a été déchiré par une série de scissions, puis de dérives qui ont emporté les coupables et les innocents, et de l'ancienne pureté, il n'est plus demeuré que des lambeaux.

> … Di u to sangue preziosu
> N'anu lavatu a piazza
> N'anu bagnatu lu chjosu

Georges Moretti a été assassiné, près de Sartène, en 2014.

Maître Antoine Sollacaro a été assassiné, à Ajaccio, en 2012.

Personne ne sait par qui ni pourquoi. Mais parfois, le chaos est tel que les motifs deviennent superflus.

Pierre Albertini était mort depuis longtemps. Il a été tué, à Bastia, en 1995, par d'autres nationalistes durant la guerre absurde et impardonnable qui a endeuillé le mouvement. Avant de mourir, il a eu le temps de riposter et de blesser mortellement l'un de ses assaillants, un jeune homme de 24 ans pour lequel, m'a-t-on dit, il avait longtemps fait figure de modèle et qui, comme moi, avait dû frissonner en l'entendant crier, les bras levés, dans le camion qui l'emmenait vers la gloire de la prison.

Aucune anecdote ne résume aussi parfaitement la tristesse de cette pauvre tragédie qui fut la nôtre.

PROCÈS DE NICOLAE ET ELENA CEAUSESCU, 25 DÉCEMBRE 1989

Pierre Ducrozet

On en avait déjà eu, du direct. Rien de moins que le basculement du monde filmé en couleurs (enfin, ce n'étaient que quelques taches discrètes, l'ensemble demeurant largement gris). Le matin du 10 novembre 1989, ma mère allumait la télé et nous regardions les Berlinois renverser le Mur. Frissons devant la liesse, ma mère nous expliquait ce qui s'était passé dans la nuit. Il y avait, pour la première fois, la sensation de voir *quelque chose* se dérouler devant nos yeux. L'histoire était donc un truc qui s'écrivait *en direct*, et non pas uniquement des faits alignés, des dates, des perruques, des cadavres décomposés. J'avais 7 ans.

Un mois et demi est passé, le bloc communiste s'est effondré. La Hongrie, la Bulgarie, la Tchécoslovaquie étaient tombées (sur du velours, pour cette dernière – et sans grande violence pour les deux autres). La carte de l'URSS inscrite au front de Gorbatchev s'effritait à mesure que nous entrions dans l'hiver. Et puis Noël est arrivé. Il y a les guirlandes et toute la parapharmacie. Il est tard déjà et ma mère, encore elle, allume la télé. (Elle a vécu son enfance et sa jeunesse au pied du rideau de fer, ça doit être pour ça.) La radio avait laissé entendre que quelque chose était en train de se passer. Philippe Gassot est à l'antenne. « Les époux Ceausescu, qui tyrannisent depuis vingt-quatre ans le peuple roumain, ont été arrêtés à quelques dizaines de kilomètres de Bucarest, ils vont être jugés. Nous sommes en direct. » La retransmission commence. Ça grésille, la vidéo est de piètre qualité, mais la scène, même coupée à de multiples reprises, nous sidère. Nous sommes dans une sorte de cuisine, de salle marronnasse et humide. Nicolae et Elena Ceausescu sont assis devant deux tables placées en angle droit. Ils sont emmitouflés dans leurs vestes en fourrure. Elena porte un châle aux couleurs bien passées. (Ma mémoire étant lacunaire et bien passée elle aussi, la vidéo vient combler les trous. La sensation, elle, demeure la même.) Il y a surtout ce rideau blanc et transparent aux motifs floraux sur le côté (lui, il est bien resté – la mémoire dans les détails). Il y a, ce soir de Noël 1989, dans cette vision et dans ce rideau comme une puissante odeur de décadence, une sensation terrible, un décor infiniment poussiéreux de film de guerre. Des gens parlent à ces deux vieux. Ils ne répondent pas. Ah si :

– Je ne reconnais pas cette Cour de justice. Je ne parlerai que devant la Chambre du peuple, dit Nicolae Ceausescu.

Un tribunal militaire a été formé à la hâte pour juger les époux Ceausescu, accusés de « crimes contre l'humanité, de génocide, de destruction de l'économie nationale ». On ne verra jamais le visage des hommes qui le composent. On entend leurs voix.

– Nicolae Ceausescu, vous êtes coupable de…

– Je ne répondrai que devant la Grande Assemblée nationale. Vous n'êtes pas légitimes.

– La Grande Assemblée nationale a été dissoute. Le Front du salut national est le seul organe politique en vigueur aujourd'hui.

L'image coupe, se figeant sur l'un des deux époux, n° 1 et 2 du régime, sans doute pour ne pas montrer ce qui doit demeurer hors champ.

Les deux visages sont pliés, déformés par la haine. Elle regarde dans le vide. Il hausse les épaules, il pouffe, il lève les yeux au ciel comme un bouffon. Puis il reprend son martèlement, sa main se lève et se baisse, avec ce rythme scandé qui était, je l'apprendrai plus tard, sa marque de fabrique :

– Je refuse de reconnaître cette Cour de justice. Elle est illégale. Je ne parlerai que devant—

– Savez-vous que vous avez été démis de vos fonctions, l'un comme l'autre ?

– Je ne répondrai pas.

Une autre question, on entend des bruits de feuilles, on aperçoit une main, l'image se fige sur le visage impassible d'Elena, l'image revient, et brusquement Nicolae Ceausescu rit. On l'accuse d'avoir passé beaucoup trop de temps avec des dignitaires étrangers, lui le soi-disant adorateur du peuple roumain. Son rire monte, il s'esclaffe comme un singe. Vingt-quatre ans de famine, d'assassinats, de dictature forcenée et mégalomane, vingt-quatre ans de peur et de dénonciation, tout le monde est (ou pour le moins se croit) sous écoute, la Securitate (les services secrets roumains) compte moins d'agents que la Stasi mais ils sont réputés pour leur efficacité, on vit tapi, vingt-quatre ans de dictature et voilà le roi découronné, offert aux regards du monde entier dans une salle sordide, et il pouffe, il rit.

– Vous vous êtes arrogé le droit de parler au nom du peuple roumain.

– Vous êtes coupables de génocide. D'organisation d'actions armées. De destruction de l'économie nationale, infraction prévue par l'article 155 du code pénal.

Nicolae Ceausescu n'écoute pas les chefs d'accusation, il regarde sa montre. Un long moment. Qu'attend-il ? L'arrivée de la Securitate, pour les délivrer ? La fin ? Ah, quelle belle montre quand même, c'est con.

– Le tribunal vous demande de vous lever.

– Non.

– Avez-vous entendu les chefs d'accusation ?

– Je ne reconnais pas le tribunal. L'accusation est fausse, je ne dirai plus un seul mot.

– Les époux Ceausescu ont été arrêtés hier à Targoviste, dit le présentateur. Ils avaient pris la fuite dans un hélicoptère, depuis le toit du palais présidentiel.

Le ton monte. Ça y est, le bras droit de Ceausescu s'agite à nouveau. Il martèle quelque chose (l'image se fige sur un plan d'Elena Ceausescu (alors que la caméra fixait justement son mari), avant de revenir au mouvement, nous sommes désolés, la retransmission (tout le monde voit bien que c'est un montage) est très mauvaise). Elena ne bouge pas. Mais un membre du tribunal évoque le cas de sa fille et tout à coup ses nerfs se tendent, elle gesticule et marmonne quelque chose, son mari pose sa main sur elle comme à chaque fois qu'elle se hérisse, martialement, comme pour l'empêcher de dire un mot de trop, ou de s'énerver en vain, ou de s'adresser à ces scélérats, traîtres à la patrie – elle se blottit dans sa fourrure et revient à sa position initiale.

Je ne comprends pas grand-chose, à ce moment-là, mais ce que l'on sent c'est une odeur de mort, de fin de règne pathétique et insensée, dramatique, certes, mais d'un drame mal ficelé, poisseux, qui finira, on le voit bien, dans le sang – c'est *Le roi se meurt* sauce Carpates. De vieux châles perdus dans une arrière-cuisine. Une dictature (un monde) s'effondre dans un dernier simulacre, en sa défaveur cette fois-ci. Les deux piranhas ne se débattent presque plus, ils sont pris.

Ceausescu n'a rien vu venir. Sa cécité n'est pas qu'une métaphore, il refuse de porter des lunettes alors qu'il ne voit plus un cerf ni un Russe à deux mètres, tout comme il refuse de se faire opérer de la prostate et de voir que les Roumains n'en peuvent plus. Le pays entier crève la bouche ouverte. Depuis le début des années 1980, Ceausescu exporte en masse les produits agricoles du pays pour rembourser les dettes de l'État : la Roumanie est au bord de la famine. Les pays voisins s'effondrent, mais la Roumanie est à part, elle l'a toujours été, elle s'est éloignée du bloc communiste depuis le Printemps de Prague (que Ceausescu avait soutenu), elle survivra à sa chute, pense-t-il. Le Conducator baigne depuis des années dans un luxe outrancier quand le peuple n'a plus de pommes de terre, il s'est éloigné petit à petit de toute réalité, et par là même des leviers du pouvoir. Le 15 décembre 1989, des émeutes éclatent à Timisoara. Le 17, la police tire sur la foule. On annonce des milliers de morts (une suite de rumeurs folles se répand alors ; le chiffre final des victimes se situant vraisemblablement entre 90 et 150 morts). Le 18, le peuple roumain se soulève aux quatre coins du pays. Le 21 décembre, Ceausescu fait un grand discours devant le peuple roumain réuni de force sur la place de la République. Son bonnet noir enfoncé sur la tête, il ânonne dans le froid en agitant la main (droite). Les gens sont venus, comme toujours, donc, forcés, mais aujourd'hui quelque chose ne fonctionne pas. La télévision retransmet la scène, qui dérape tout à coup. Ceausescu s'arrête au milieu d'une phrase. La syntaxe le lâche. Il n'a pas pu mettre un point à sa phrase, elle est restée en suspens, et les gens s'engouffrent dedans. Huées. Il ne sait comment réagir, il hésite, et c'est pire. Il regarde à droite, à gauche, il faudrait qu'il finisse cette putain de phrase pour éteindre cette rumeur qui monte mais il ne sait plus ce qu'il voulait mettre dedans, c'est foutu, des gens s'agitent derrière lui, c'est la panique, il reprend finalement mais c'est trop tard, tout le monde a senti la faille, si la syntaxe déraille alors le reste doit être en miettes, il faut pousser la porte maintenant. Ceausescu se retire de la terrasse, et les gens réunis sont sommés de se disperser. Ils refusent. Une barricade est montée. La police, une nouvelle fois, tire dans le tas.

Le 22 décembre, le ministre de la Défense se tire, lui, une balle dans la tête. Ceausescu convoque le général Victor Stanculescu, qu'il nomme commandant en chef de l'armée. C'est la panique à l'intérieur du palais présidentiel. Les insurgés avancent. Les Ceausescu ne savent comment réagir. Stanculescu, qui est déjà en train de se rallier aux révolutionnaires, les aurait convaincus, alors, de quitter Bucarest. Un hélicoptère s'élance à 10 h 20 du toit, au moment même où les insurgés pénètrent dans le palais présidentiel. (Pourquoi Ceausescu a-t-il pris la peine de construire durant son règne des galeries souterraines pour ensuite prendre la fuite aux yeux de tous, dans les airs ? Et pourquoi prend-il la fuite si précipitamment ? La forteresse était réputée imprenable. On a donc ouvert la porte.) L'hélicoptère se pose à Snagov, repart vers Targoviste. Les Ceausescu veulent-ils passer à l'étranger ? Ils se posent finalement dans un champ, à Salcuta, à côté de la nationale 7. Des paysans s'attroupent autour des fuyards, qu'ils ont reconnus. Les Ceausescu s'éloignent et se mettent à faire du stop. C'est assez touchant ce brusque revirement beatnik des deux dictateurs en chaussures vernies. Devant eux, les campagnes roumaines affamées, exsangues, qu'ils n'avaient jamais vues ou presque. Ils montent dans une voiture avec leur garde du corps, les paysans s'étant approchés dangereusement. Ceausescu espère rejoindre Targoviste, où il pense se placer sous la protection des ouvriers. Ce sont des pierres qui les attendent. Ils sont placés dans une caserne militaire, non loin de là. À Bucarest, un Front de salut national se met en place. Les studios de la télévision ont été pris. On peut voir, sur d'autres images, l'émotion des opposants, poètes, scientifiques, politiques, journalistes, qui attrapent les micros et enjoignent au peuple de prendre la rue. Les Ceausescu, eux, s'endorment. Au matin, Nicolae se reprend. Il menace ses geôliers, essaie de les soudoyer. Devant les risques de lynchage, ou de libération, les militaires les emmènent dans un autre bâtiment. Ion Iliescu, qui est sur le point de prendre le contrôle du pouvoir, à Bucarest, signe un décret pour l'institution d'un tribunal militaire d'exception – or rien n'est prévu dans la Constitution pour cela. Iliescu le signe en qualité de président du Front de salut national, qui n'existera légalement que le 26 décembre. Un tribunal composé de militaires, d'avocats et de civils est convoqué à la hâte. On découvrira leurs visages le 22 avril 1990 lors d'une deuxième diffusion du procès. Stanculescu a l'air absent, il fait des boulettes de papier. On voit des mains, des cheveux blancs. Le colonel Gica Popa, président du tribunal, n'a pas l'air spécialement bien dans ses bottes. On le retrouvera mort dans son bureau, une balle dans la tête, le 1er mars 1990.

Tout ce joli monde débarque dans la caserne. On installe les tables et les chaises que l'on voit à présent. On démarre. Il est 12 h 50. (On ne verra, on l'a compris, que le montage, en fin de journée.)

Les époux sont assis depuis plus d'une heure maintenant. Ils s'impatientent. C'est un dialogue de sourds. Il est 14 h 30, la séance est levée. Clap.

Coupure. Dix minutes plus tard (temps réel), la sentence est lue : les époux Ceausescu sont condamnés à mort.

La retransmission s'interrompt dans un mouvement brusque de caméra. Le cameraman se serait « pris les pieds dans un câble ». Coupure. On entend une rafale de mitraillette. On est tout à coup dehors, dans l'arrière-cour, il y a un nuage de fumée. La caméra s'approche. Deux corps sont là, bien raides déjà, contre le mur. Une tache de sang (séché) à la tempe d'Elena Ceausescu. On redresse son corps, sa tête reste parfaitement droite – étonnante rigidité cadavérique pour un mort encore chaud.

Ce qu'il s'est réellement passé : les Ceausescu ont été amenés dehors. Nicolae chante *L'Internationale*, Elena insulte la génitrice de ses bourreaux : rafale, rafale. Des heures passent. Quand les caméras filment finalement, on tire à nouveau, sur des cadavres cette fois-ci.

La dictature Ceausescu vient de prendre fin. Il est temps d'ouvrir les cadeaux.

Tout était, bien sûr, fallacieux, monté, grotesque. Il fallait (affirment Ion Iliescu et Victor Stanculescu, et on peut le comprendre) éviter un lynchage, stabiliser le pouvoir, éviter un retour de Ceausescu, ou de sa garde rapprochée, etc. En cela, ils avaient raison : une fois la mort du dictateur annoncée et retransmise à la télé, la situation se stabilise (même si des affrontements auront encore lieu entre les forces armées et celles de la Securitate) et la transition démocratique se met en place. Malgré tout, le bilan est le plus lourd de tous les pays communistes : autour de 1 100 morts sur l'ensemble du territoire.

Demeure une scène fascinante, absurde, inoubliable.

Qu'est-ce qui se joue, là ? Pourquoi ces images nous saisissent-elles encore, vingt-sept ans plus tard ? Je crois que les deux tables en angle droit et le petit rideau blanc n'y sont pas pour rien. Il y a un tyran qui tombe, il y a cette misérable table en formica et ce rideau blanc qui sent l'infinie tristesse des plaines, il y a ces deux meurtriers devant cette table, et, malgré leurs visages, malgré les horreurs commises, malgré tout, il y a un homme et une femme enroulés dans leurs vestes marron, elle dans son châle et pourtant nue, tout à coup, et livrés enfin au jugement des hommes. Peut-être est-ce cette nuance-là des sentiments qui nous bouleverse. Comment le fait de voir deux assassins confrontés à la justice (aussi expéditive soit-elle) peut-il nous émouvoir ne serait-ce qu'un instant ? Doit-on s'en sentir coupable ? Le visage de Ceausescu se plie à nouveau, on se souvient de qui il est, et la sensation s'envole – ouf. Une question demeure : pourquoi la révolution roumaine devrait-elle s'incarner dans cette image de chute, de décadence, de mort plutôt qu'avec des images de liesse, de soulèvement populaire, de conquête de la liberté, comme ce fut le cas un mois et demi plus tôt à Berlin ? Il y a là l'idée (ou la suggestion, le sous-titre, le message subliminal) que la conquête de la liberté est une faute, qu'elle naît d'un meurtre originel, comme toutes les révolutions, et que le peuple sera toujours coupable. Il aura tout à faire, tout à reconstruire, tout à essayer, mais son château sera bâti sur des cendres (vieux réflexe chrétien ? tradition contre-révolutionnaire : la révolution se fait dans le sang et les larmes, et ne peut se faire autrement ? révolutionnaire : si ce n'est par la force, le pouvoir ne se prend pas ?). En tout cas, ce procès et ses images spectaculaires se révèlent, en ce sens, d'une grande habileté politique. Ion Iliescu (à moins que cela soit Stanculescu aux commandes) délivre son peuple et l'enchaîne. C'est d'autant plus subtil que Ceausescu mérite bien tout ce qu'il lui arrive. Il a dirigé d'une main de fer son pays, il a, etc. Oui mais. Nous l'avons tué pour vous. Nous ne l'avons pas jugé. Vous n'auriez pas accepté ça, vous ne pouviez attendre. Nous l'avons sommairement condamné, et nous l'avons abattu dans l'arrière-cour. Ce n'est pas ce que vous vouliez ? Non, vraiment pas ?

Allez, soyez francs. Eh bien nous sommes tous dans le même sac maintenant. Car ce procès n'en était pas un et vous le saviez parfaitement.

Il enchaîne son peuple, le jour de Noël. Le jour de la retransmission est un hasard sans l'être. L'idée de sacrifice collectif, de responsabilité, de culpabilité nous renvoie bien sûr à un autre protagoniste de Noël. Dernière subtilité de la démarche.

« Ceausescu a été sacrifié pour préserver l'administration du pays, dira Dan Voinea, ancien procureur. Ainsi, on dédouanait le système. Nous avons perdu l'occasion d'un procès historique, celui du communisme, qui reste à faire. »

La sidération naît enfin d'autre chose : c'est le début (ou presque), cet hiver-là (au moins pour nous), d'une chose si banale aujourd'hui : *l'histoire-s'écrit-en-direct*. C'était un artifice, bien sûr, un montage différé et orchestré grossièrement, mais malgré cela, la chose était saisissante. (C'est à présent une telle évidence qu'un événement n'a pas eu *véritablement* lieu si le direct n'était pas là pour le sceller.) Un empire tombe, il continue à tomber, voyez ces allées en gravats, regardez Berlin, Budapest, Bucarest, Moscou, tout tombe – vous allez vivre ? Eh bien bonne chance. Démerdez-vous avec ces ruines. Une génération naît sur des cendres – quelle idée. Nés d'un espoir (le visage de Mitterrand qui se devine en gros pixels sur un autre écran de télé, plus petit encore), grandis dans la déroute du rêve socialiste, puis la chute de l'URSS, et d'un monde qui s'affaisse culturellement. La fin de l'adolescence, ce seront deux tours et des hommes qui en tombent. Restait l'âge adulte. Ça s'annonçait plutôt bien.

Mais aujourd'hui, c'est Noël. On éteint la télé. On regarde le sapin. La rumeur du monde s'éloigne. Qu'est-ce qui naît en échange ?

PROCÈS PÉCHINEY, JUIN-JUILLET 1993

Julia Deck

Ils sont neuf, ils travaillent dans les affaires, ils portent des costumes-cravates. Ils vont en vacances au Maroc, louent des yachts pour mieux profiter de la Méditerranée. Ils roulent en Rolls. À New York, ils descendent au Waldorf Astoria.

Ils sont 25 000, ils travaillent dans des usines, ils portent des bleus de travail. Ils vont en vacances dans le Kansas ou le Missouri, louent des cabanons en bord de rivière pour pêcher à la mouche. Ils roulent en Buick. À New York, ils n'ont aucune raison d'aller.

Les neuf ne veulent aucun mal aux 25 000. Posée la question, ils ne voudraient même que leur bien (ils ne sont pas des monstres). Heureusement, la question n'est pas posée.

Les neuf ont possédé les 25 000. En partie. Ils ont détenu un pourcentage de ces personnes pendant quelques jours ou quelques semaines. À vrai dire, les neuf n'étaient pas au courant. Ils ne savent pas ce qu'ils achètent, à peine le nom de l'entreprise dont ils acquièrent les titres. Ils savent combien cela leur rapporte.

$(91\,000 \times 56) - (91\,000 \times 10) = 5\,096\,000\,\$ = 21\,000\,000$ FRF $= 3\,202\,830$ €.

C'est un exemple. Soit, de nos jours, environ cent cinquante ans de salaire médian. Bien sûr, aucune espèce de travail n'a été fournie en contrepartie de cette somme. Sinon deux coups de fil – un pour acheter, un pour vendre.

Or la loi établit qu'il était interdit d'empocher ces 3 202 830 €. Il y a des circonstances où c'est permis de gagner de l'argent à ne rien faire, il y en a d'autres où c'est illégal. En résumé, c'est permis quand le gain s'avère le fruit du hasard, du sixième sens, ou de ce que vous voudrez qui ait poussé l'heureux gagnant à miser sur un titre dont nul ne pouvait prévoir que la valeur, du jour au lendemain, quintuplerait d'un bond. Si, en revanche, l'heureux gagnant a bénéficié d'informations garantissant dans de brefs délais ce quintuple bond, il a triché, il doit rendre l'argent.

Mais la bourse n'est pas équipée comme un casino. Il n'y a pas de micro-enregistreurs, de caméras de surveillance dans les yachts, les Rolls, au Waldorf Astoria. C'est au ministère public de prouver, par la découverte d'un faisceau d'indices concordants, la culpabilité de l'heureux gagnant.

Et c'est ce que nous allons entreprendre aujourd'hui, déclare en ce jeudi 4 juin 1993 le substitut du procureur de la République.

Il fait un joli temps printanier, 20 °C à Paris. Nous en sommes reconnaissants au dieu du soleil et des nuages, parce que les procès pour infractions financières, à la 11e chambre du tribunal de grande instance, ont quelque chose d'aride, de rugueux, qui réclame un peu de douceur en compensation.

Le tribunal se trouve sous la présidence d'une femme distinguée, parée de cet humour glaciaire des magistrats. C'est elle qui entendra les neuf prévenus dans l'affaire Péchiney-Triangle. Neuf dont il est fortement probable qu'ils ont triché, en transmettant des informations confidentielles ou en les utilisant pour mettre, par exemple, 3 202 830 € dans leur portefeuille.

L'opération remonte à 1988. À cette époque, trois gouvernements socialistes se sont succédé depuis l'élection de François Mitterrand. Or il apparaît que ces gouvernants trouvent le moyen d'enrichir leurs amis dès qu'ils mettent les mains dans les affaires. Et cela se produit souvent, car ils ont nationalisé plein d'industries et de banques, bientôt démantelées ou rendues au secteur privé – mais ne nous préoccupons pas trop des choses derrière les mots, ou on ne s'en sortira jamais.

Cinq ans et demi ont passé depuis la révélation de l'affaire. La juge d'instruction a mené son enquête, des péripéties administratives s'en sont suivies. Aujourd'hui, les neuf comparaissent enfin devant la justice, et nous commencerons donc par vous, M. Traboulsi, déclare le substitut tandis que la chambre se tourne vers un onctueux quinquagénaire.

Samir Traboulsi, rappelle le substitut, bénéficie de glorieux états de service. Il a donné de nombreux coups de main à la France. Œuvré pour la libération de nos otages au Liban, la signature de juteux contrats d'armement dans le Golfe (encore une fois, ne nous préoccupons pas trop des choses derrière les mots). En conséquence, il a reçu la Légion d'honneur des mains de Pierre Bérégovoy, alors ministre de l'Économie et des Finances – Merci pour tout, M. Traboulsi, les otages et l'argent, la Nation vous en est infiniment reconnaissante.

Remplir les poches des autres est un peu le métier de M. Traboulsi. C'est pour cette raison qu'en 1988, on a fait appel à lui lorsque le groupe français Péchiney, numéro trois de l'aluminium, s'est mis en tête de racheter l'américain Triangle, numéro un de l'emballage en ce même matériau. Pour ceux que les choses derrière les mots intéressent malgré tout, il s'agit de dizaines d'usines à travers les États-Unis, où 25 000 ouvriers fabriquent chaque année des millions de canettes de Budweiser, de Coca-Cola, de Dr Pepper, mais aussi des bouteilles de ketchup Heinz, des tubes de dentifrice, oui, c'est de cela qu'il va être question.

Triangle est d'accord pour être vendu à Péchiney. Enfin, ses actionnaires principaux sont d'accord pour remettre les usines, les 25 000 et toutes les canettes de Coca-Cola entre les mains d'un groupe français, nationalisé par les socialistes et soucieux de gonfler ses résultats flageolants par des opérations de croissance externe. Encore faut-il convenir des modalités. Ces tractations requièrent des ambassadeurs officieux, tout un appareil de diplomatie parallèle. On envoie donc M. Traboulsi, qui a fait ses preuves et empochera pour sa peine 60 millions de francs, soit 10 petits millions d'euros.

Bien sûr, M. Traboulsi, propriétaire d'un tas de biens immobiliers dans le 16e arrondissement parisien, n'a pas besoin de cet argent. Mais il l'aime. La poésie des chiffres, la magie opaque des échafaudages financiers, toutes choses impénétrables à vous et moi, il les révère. À tel point que, lorsque le parquet l'accuse de transmettre des informations confidentielles pour enrichir ses amis, il continue de surveiller les cours de la bourse sur un terminal Reuters de poche (car nous parlons de la protohistoire, avant que l'homme n'invente le téléphone intelligent).

Mais M. Traboulsi sait aussi séduire dès qu'il est besoin, note le substitut. Offrir des fleurs aux femmes, aux hommes du bon vin. Même, leur prêter son majordome. Ainsi à Charbel Ghanem, deuxième prévenu, financier genevois et heureux bénéficiaire de 3 202 830 €, jusqu'à ce que la justice vienne lui chercher des noises.

Oui, MM. Traboulsi et Ghanem sont très copains, enfonce le substitut. Ils n'ont aucun secret l'un pour l'autre. Si bien que, pendant les pourparlers Péchiney-Triangle, M. Traboulsi passe des dizaines de coups de fil à M. Ghanem, et, coïncidence, toujours au moment où se produit un rebondissement dans les négociations. Deuxième coïncidence, chaque fois que M. Ghanem reçoit un appel de M. Traboulsi, il s'empresse d'acheter des dizaines de milliers d'actions Triangle. Alors je vous le demande, mesdames et messieurs, s'enflamme le substitut devant le tribunal, sont-ce vraiment des coïncidences ?

Les avocats de MM. Traboulsi et Ghanem jurent que oui oui oui. Absolument, messieurs-dames, tout cela résulte d'un extraordinaire concours de circonstances. Et, en vérité, ce sont paroles contre paroles, car la juge d'instruction n'est parvenue à mettre au jour aucune preuve décisive au fil de son enquête.

Puis on passe aux autres prévenus d'envergure. Les jours suivants comparaissent Max Théret et Robert Reiplinger, associés à la tête de la Compagnie parisienne de placement et tous deux miraculeusement enrichis à la faveur de l'opération Péchiney-Triangle.

Lorsqu'il se présente devant le tribunal, M. Théret a 80 ans, il est cardiaque et n'a tué personne. Faut-il donc s'acharner contre ce sympathique vieillard ? suggèrent ses partisans. Mais le substitut est sans pitié. Il voudrait comprendre. Comment, dans les années 1930, M. Théret se trouve successivement aux côtés de Léon Trotski à Barbizon, avec les insurgés dans les Asturies, enrôlé dans l'armée républicaine espagnole, enfin résistant dès 1940, pour se recycler dans les affaires après la Libération. Comment il reste proche de ses amis socialistes, c'est-à-dire généreux donateur du Parti. Comment il se rembourse finalement de sa générosité grâce à un bon tuyau fourni par un camarade socialiste. Car à la veille du rachat de Triangle, assène le substitut, vous avez, M. Théret, acheté 32 000 titres pour une plus-value de 9 millions de francs.

M. Théret se défend. M. Théret, a tout d'abord déclaré M. Théret, s'était pris à l'époque d'un vif intérêt pour le secteur de l'emballage. Il avait étudié le marché, découvert les excellentes performances de la société Triangle, décidé de parier sur son avenir, et hop, est-ce sa faute si, trois jours plus tard, ses amis socialistes décident de racheter la firme américaine dans son dos ?

Sauf que, dans cette ligne de défense, M. Théret s'emmêle les pinceaux. Pour justifier son investissement, il prétend s'être fondé sur les données parues dans une revue professionnelle qui n'avait pas été distribuée au moment où il a acheté les titres, et le voilà convaincu d'un premier mensonge. Mais M. Théret a de la ressource. Soudain il s'est trompé. Non, ce n'est plus la presse, ce sont des relations d'affaires américaines qui ont attiré son attention sur Triangle. Or la juge d'instruction s'est rendue au Nouveau Monde, les amis américains ont nié, et voilà M. Théret convaincu d'un deuxième mensonge. M. Théret qui ne se laisse toujours pas démonter. D'accord, il a rementi. Mais c'était pour la bonne cause : il s'agissait de protéger ses amis.

L'amitié, en fin de compte, est le véritable problème dans cette histoire. Les prévenus ont trop d'amis, et ces amis ont des amis, tous n'arrêtent pas de se croiser dans des fêtes, de grands restaurants, à l'opéra, au Racing Club. Il est fatal, en ces circonstances, qu'on se donne des nouvelles, de la famille et des affaires. Alors des informations transpirent, c'est obligé, et peut-être M. Théret a-t-il eu vent que quelque chose se tramait entre Péchiney et Triangle, c'est bien possible, il se souvient à peine. Mais peut-on en vouloir à un homme d'avoir des amis ? Prenons des gens comme vous et moi. Ou comme les 25 000. Eux aussi ont leurs cercles de sociabilité – les barbecues en bord de rivière, le bowling, les syndicats –, ils défendent leurs intérêts comme tout le monde : on ne peut reprocher à personne de vouloir le bien de son prochain.

Sous ses airs arrogants, Alain Boublil, directeur de cabinet de Pierre Bérégovoy lorsqu'il était ministre de l'Économie et des Finances, est un très bon copain. Il a beau prétendre le contraire, déclarer qu'il ne savait même pas que Triangle était coté à la bourse de New York, il était parfaitement au courant des négociations entre le groupe américain et Péchiney. De l'une, parce qu'il travaillait à Bercy. De l'autre, parce qu'il mêle quiètement l'utile à l'agréable. Ainsi lorsqu'il passe quelques jours de vacances, trois mois avant la fusion-acquisition, à bord du yacht de M. Traboulsi en compagnie de deux cadres dirigeants de Péchiney. Et que monte à bord, débarqué de son yacht personnel, le PDG de Triangle. Or ces messieurs n'ont sans doute pas passé leur temps à jouer aux cartes, suppute le substitut.

M. Boublil n'a pas tellement le sens de l'humour. Il se drape dans sa dignité. Au reste, lui-même ne s'est nullement enrichi dans l'affaire. Fort bien, rétorque le substitut, mais ce qu'on vous reproche, c'est d'avoir parlé. En vacances, dans les grands restaurants, à l'opéra, au club de tennis, cercles sécants au fil desquels les informations circulent et permettent à M. Théret d'empocher 9 millions de francs de plus-value, pour ainsi dire malgré lui.

Enfin on s'intéresse aux seconds couteaux. Jean-Pierre Emden, spéculateur. Ricardo Zavala, trader. Léo Arie From, homme d'affaires louche. À la veille du rachat, tous ont été visités par l'inspiration, se sont procuré un tas d'actions Triangle pour les revendre aussitôt le quintuple de ce qu'ils les avaient payées. Dans cette catégorie, le plus amusant est Patrick Gruman. Il travaille à la Compagnie parisienne de placement, c'est à lui que MM. Théret et Reiplinger ont passé leurs ordres d'achat. Pour bien faire, M. Gruman appelle aussitôt un ami chez Morgan Stanley, à Londres. Le premier problème, c'est qu'il n'a pas très bien compris ce qu'il devait acheter. Le deuxième, c'est que Morgan Stanley enregistre les conversations téléphoniques de ses traders, justement pour éviter qu'ils ne se livrent à des opérations illicites. On écoute l'enregistrement à la 11e chambre. Et on rigole. M. Gruman, au bout du fil, demande à son copain d'acheter par tranches de trois millions de francs – soit 450 000 euros, je répète, 450 000 euros, le prix d'un joli petit appartement parisien –, des titres dont il ne connaît par le nom. « Ils fabriquent des trucs, dit-il sur la bande. Pour le lait, le Coca. Le machin, enfin. »

Oui, il faut acheter fissa des bouts du machin si l'on veut réaliser une plus-value. D'ailleurs, comme nous ne sommes pas des monstres, c'est mieux de ne pas trop savoir ce qu'il y a derrière le machin. De tirer un rideau pudique entre soi et les 25 000, qui de machines-outils en tapis roulants découpent, préforment, emboutissent, étirent, cisaillent, nettoient, impriment, vernissent les tôles d'aluminium pour les convertir en canettes de Coca ou de Budweiser. Penser aux 25 000, ça gâche le plaisir, quand d'aventure on le prend à jouer en bourse. Donc on n'a pas trop regardé les choses derrière les chiffres, jusqu'à ce que la juge d'instruction et le substitut du procureur nous les rappellent inopportunément, nous sortant de notre rêve, et dieu sait que nous aimons rêver, nous, socialistes de la première heure, anciens trotskistes.

En fin de compte, on n'a rien pu prouver contre les neuf prévenus. Le tribunal a néanmoins estimé qu'au vu de circonstances accablantes, ils devaient rendre l'argent, plus une amende, et les peines ont été alourdies en appel pour MM. Ghanem, Boublil et Traboulsi, les deux derniers écopant d'un an de prison ferme.

PROCÈS D'IDELPHONSE HATEGEKIMANA, 1994-2010

Frank Smith

1. En réponse à la demande qu'il a reçue du gouvernement rwandais de créer un tribunal international chargé de juger les personnes présumées responsables d'actes de génocide contre la population civile tutsie ou d'autres violations graves du droit international humanitaire commises sur le territoire du Rwanda entre avril et juillet 1994, le Conseil de sécurité des Nations unies a créé par sa résolution 955 le Tribunal pénal international pour le Rwanda le 8 novembre 1994. Conformément à cette résolution, le Tribunal est régi par son Statut. Ses activités sont également régies par le Règlement de procédure et de preuve adopté conformément à l'article 14 du Statut, et par la jurisprudence établie par la Chambre d'appel.

2. Le jugement en l'affaire *Le procureur c. Idelphonse Hategekimana* a été rendu par la Chambre de première instance II du Tribunal pénal international pour le Rwanda, composé des juges Arlette Ramaroson, président, Taghrid Hikmet et Joseph Masanche.

3. Dans la présente affaire, l'accusé s'appelle Idelphonse Hategekimana. À l'époque des faits en 1994, il était le commandant du camp militaire de Ngoma (le « camp de Ngoma ») sis dans la préfecture de Butare, avait le grade de lieutenant dans les Forces armées rwandaises et était membre du conseil de sécurité préfectoral de Butare.

4. Hategekimana a d'abord été mis en accusation le 2 février 2000 avec deux coaccusés, Tharcisse Muvunyi et Idelphonse Nizeyimana. Après son arrestation au Congo-Brazzaville le 14 février 2003, il a fait une comparution initiale devant la Chambre de première instance III le 28 février 2003 et a plaidé non coupable de toutes les accusations portées contre lui.

5. Le 11 décembre 2003, le procureur a disjoint l'instance de Muvunyi, l'un des trois coaccusés, de l'acte d'accusation après l'arrestation de ce dernier le 5 février 2000. Il a en outre disjoint l'instance engagée contre Hategekimana de celle de Nizeyimana le 25 septembre 2007 et, le 1er octobre 2007, il a déposé un acte d'accusation modifié retenant quatre chefs à son encontre, à savoir le génocide, la complicité dans le génocide, ainsi que l'assassinat et le viol constitutifs de crimes contre l'humanité. Le 9 novembre 2007, Hategekimana a plaidé non coupable de tous ces chefs d'accusation.

6. Le 7 septembre 2007, le procureur a déposé en vertu de l'article 11 bis du Règlement une demande en renvoi du dossier de Hategekimana devant les juridictions rwandaises. Celle-ci a été rejetée le 19 juin 2008.

7. Le procès de Hategekimana s'est ouvert le 8 mars 2009 et a pris fin le 28 avril 2010. En vingt-deux jours d'audience, le procureur a produit vingt témoins. La présentation des moyens à décharge a commencé le 22 juin 2009 et s'est étendue sur deux sessions d'audience. La première s'est achevée le 13 juillet 2009 et la deuxième, commencée le 23 septembre 2009, s'est achevée le 6 octobre 2009. En vingt et un jours

d'audience, la défense a appelé à la barre vingt témoins. Du 2 au 6 novembre 2009, la Chambre et les parties se sont transportées sur les lieux au Rwanda qui avaient un rapport avec les accusations portées contre Hategekimana. Les parties ont déposé leurs dernières conclusions écrites le 1er février 2010 et ont été entendues, le procureur en ses réquisitions et la défense en sa plaidoirie, les 26 et 28 avril 2010.

8. La Chambre a rendu son jugement oralement le 6 décembre 2010. Le jugement écrit a été déposé le 14 février 2011.

9. Le procureur a allégué que Hategekimana était pénalement responsable, tant à titre individuel qu'en sa qualité de supérieur hiérarchique, des crimes de génocide, de complicité dans le génocide ainsi que d'assassinat et de viol constitutifs de crimes contre l'humanité commis dans la préfecture de Butare entre le 7 avril et le 31 mai 1994.

10. La Chambre a déclaré Hategekimana coupable d'assassinat constitutif de crime contre l'humanité, en vertu de l'article 6.1 du Statut, pour avoir ordonné l'enlèvement et le meurtre de Jean Bosco Rugomboka le 8 ou le 9 avril 1994. Elle l'a déclaré aussi coupable d'assassinat constitutif de crime contre l'humanité en tant que supérieur hiérarchique, en application de l'article 6.3 du Statut, pour le meurtre de Jean Bosco Rugomboka. La Chambre prendra en compte la responsabilité de Hategekimana en tant que supérieur hiérarchique lorsqu'elle fixera la peine.

11. Aux paragraphes 36 et 40 de l'acte d'accusation, il est reproché à Hategekimana d'être pénalement responsable à titre individuel, en application de l'article 6.1 du Statut, et en

tant que supérieur hiérarchique, en application de l'article 6.3 du Statut, de l'assassinat constitutif de crime contre l'humanité de trois femmes tutsies.

12. Dans ses conclusions juridiques sur le génocide, la Chambre avait déjà conclu au-delà de tout doute raisonnable que la sélection, l'enlèvement et les meurtres de Salomé Mujawayezu, d'Alice Mukarwesa et de Jacqueline Mukaburasa étaient constitutifs de génocide. Elle a été de même convaincue que ces homicides intentionnels ont été commis en raison de l'appartenance ethnique des victimes et qu'ils sont dès lors aussi des assassinats constitutifs de crimes contre l'humanité.

13. La Chambre a conclu que la responsabilité de Hategekimana se trouvait engagée en application de l'article 6.1 du Statut en raison de sa participation à une entreprise criminelle commune.

14. Idelphonse Hategekimana est né dans la commune de Mugina dans la préfecture de Gitarama au Rwanda.

15. Lors des événements de 1994, Idelphonse Hategekimana était commandant du camp de Ngoma dans la préfecture de Butare et exerçait une autorité sur les officiers, les soldats et le personnel du camp. Il avait le grade de lieutenant.

16. En sa qualité de commandant du camp, Idelphonse Hategekimana exerçait l'autorité sur les soldats et le personnel du camp et obéissait aux ordres du commandant de l'École des sous-officiers (ESO), le lieutenant-colonel Tharcisse Muvunyi.

17. Les crimes auxquels se réfère l'acte d'accusation ont été commis au Rwanda entre le 1er janvier et le 31 décembre 1994.

18. Lors des événements auxquels se réfère l'acte d'accusation, le Rwanda était divisé en douze préfectures : Butare, Byumba, Cyangugu, Gikongoro, Gisenyi, Gitarama, Kibungo, Kibuye, Kigali ville, Kigali rural, Ruhengeri, Umutara. Chaque préfecture était subdivisée en communes et en secteurs.

19. Lors des événements auxquels se réfère l'acte d'accusation, les Tutsis, les Hutus et les Twas étaient identifiés comme des groupes ethniques ou raciaux.

20. Lors des événements auxquels se réfère l'acte d'accusation, il y avait sur tout le territoire du Rwanda des attaques systématiques ou généralisées contre une population civile, en raison de son appartenance politique, ethnique ou raciale.

21. Lors des événements auxquels se réfère l'acte d'accusation, il y avait un conflit armé non international sur le territoire du Rwanda entre le gouvernement du Rwanda et le Front patriotique rwandais (FPR). Les victimes auxquelles se réfère l'acte d'accusation étaient des civils tutsis et hutus modérés, entre autres, de la préfecture du Butare qui étaient protégés, au sens de l'article 3 commun aux Conventions de Genève et du Protocole additionnel II, et ne participaient pas directement au conflit.

22. Le 30 avril 1994, [redacted] et d'y kidnapper les réfugiés, y compris les femmes et les enfants. Le lieutenant Hategekimana a mené

l'attaque au cours de laquelle vingt-cinq personnes ont été kidnappées, dont les enfants du professeur Karenzi qui n'ont plus été jamais revus.

23. Le ou vers le 15 avril, XXXXXX a demandé que lui soient amenés XXXXXXX, il a ensuite séparé des Pères hutus les Pères tutsis qui ont été ensuite tués.

24. Lors des événements auxquels se réfère l'acte d'accusation, les officiers et les soldats, agissant sous les ordres de XXXX, XXXXX et du lieutenant Hategekimana, ont participé aux massacres de la population civile tutsie et de Hutus modérés de l'opposition. Certains des Tutsis de la population civile ont été arrêtés et emmenés, soit au camp de Ngoma, ■□■□■□■□■□■□■□ où ils ont été exécutés.

25. Lors des événements auxquels se réfère l'acte d'accusation, le lieutenant Hategekimana a transporté des soldats et des Interahamwe [47] dans les rues des quartiers musulmans à Ngoma pour y mener des attaques.

26. Lors des événements auxquels se réfère l'acte d'accusation, de nombreuses femmes et filles ont été violées et soumises à des violences sexuelles en ces lieux, ou ont été emmenées de force ou contraintes à se rendre en d'autres lieux où elles ont été violées ou ont subi des violences sexuelles de la part des Interahamwe et des soldats du camp de Ngoma. XXXX, XXXXX et le lieutenant Hategekimana, par leur position d'autorité et de par la nature généralisée des actes savaient ou avaient des raisons de savoir que ces actes étaient en train d'être commis, mais n'ont pris aucune disposition pour les prévenir ou y mettre fin, ou pour punir leurs auteurs.

27. La plupart des cas, ces viols étaient aggravés par des actes tels que le viol collectif, le viol multiple, le viol de jeunes filles vierges, le viol des filles en présence de leurs mères et d'autres membres de leur famille, ce qui constitue un acte de violence et un traitement dégradant pour les personnes concernées. La plupart de ces actes de violence sexuelle s'accompagnaient du meurtre de la victime.

28. Au début d'avril 1994, le lieutenant Hategekimana a conduit un groupe de soldats pour aller assiéger le domicile de M. Alex Rugomboka afin d'arrêter la victime Jean Bosco Rugomboka. La victime a été ensuite torturée en étant poignardée à plusieurs reprises, brûlée avec un fer à repasser et amputée d'un doigt avant d'être tuée. Son corps mutilé a été retrouvé près du camp militaire de Ngoma.

29. Dans l'exercice de son autorité, le lieutenant Hategekimana a préparé des listes et donné à ses soldats l'ordre de commencer à tuer systématiquement les Tutsis rue par rue dans les quartiers musulmans de Ngoma. C'est ainsi que Gatawa, Nura, Afamou et Salomé Mujawayezu, Alice et Joséphine Mukarwesa et Antoine Munyandanguza ont été tués. Toutes ces personnes ont été enlevées par les soldats agissant sous les ordres du lieutenant Hategekimana et ont été ensuite tuées par les Interahamwe.

30. Cette tuerie perpétrée par les soldats a été l'un des signaux du début des massacres et des autres atrocités à Butare mais les massacres n'ont atteint une grande échelle qu'après le discours prononcé par le président le 19 avril. XXXX et le lieutenant Hategekimana par leur position d'autorité et de par la nature généralisée des massacres, savaient

ou avaient des raisons de savoir que ces actes étaient en train d'être commis mais n'avaient pris aucune disposition pour les prévenir, y mettre fin ou punir leurs auteurs.

31. Lors des événements auxquels se réfère l'acte d'accusation, les soldats détachés sous l'autorité du lieutenant Hategekimana ont enlevé des hommes et des femmes suspectés d'être des Tutsis aux barrages routiers et les ont emmenés au camp de Ngoma d'où ils ont été conduits à la frontière, à Kanyaru, où ils ont été exécutés et leurs corps jetés dans le fleuve Akanyaru.

32. Le ou vers le 20 avril 1994 à 10 heures, le bourgmestre de la commune de Ngoma et le lieutenant Hategekimana se sont rendus au dispensaire de Matyazo pour voir les réfugiés qui avaient fui les attaques de la paroisse de Kibeho et les assurer qu'ils seraient protégés. Le soir même, les réfugiés ont été attaqués par les soldats et les Interahamwe.

33. Au début de l'attaque lancée à 15 heures le 20 avril, le lieutenant Hategekimana est venu au dispensaire avec un groupe de douze soldats mais les a empêchés d'intervenir pour arrêter l'attaque alors que celle-ci se déroulait en sa présence.

34. À la suite de cet incident le ou vers le 21 avril 1994, certains survivants de l'attaque de Matyazo sont allés se réfugier à la paroisse de Ngoma. Parmi les réfugiés se trouvaient soixante-deux enfants blessés, âgés de 16 mois à 5 ans, qui avaient été emmenés à la paroisse par le conseiller du secteur, parce que des soldats qui étaient positionnés à un barrage routier devant l'ESO l'avaient empêché de les conduire à l'hôpital universitaire pour y recevoir des soins médicaux.

35. Le ou vers le 30 avril 1994, la paroisse de Ngoma a été attaquée. Le prêtre de la paroisse a demandé de l'aide au camp de Ngoma et une heure plus tard, le sous-lieutenant Niyonteze, commandant en second du camp, est arrivé avec six soldats. Au lieu d'intervenir, le sous-lieutenant a demandé à savoir de quel droit le prêtre de la paroisse se permettait de garder autant d'*inyenzi*[48] près d'un camp militaire. Il s'est mis à compter les réfugiés et a quitté la paroisse sans prendre aucune mesure pour arrêter les attaquants. XXXX, XXXXX et le lieutenant Hategekimana, par leur position d'autorité et de par la nature généralisée des massacres, savaient ou avaient des raisons de savoir que ces actes étaient en train d'être commis, mais n'ont pris aucune disposition pour les prévenir, y mettre fin ou punir leurs auteurs.

36. À ou vers 17 heures le même jour, le lieutenant Hategekimana s'est rendu à la paroisse dans l'intention d'arrêter le prêtre qui s'était enfui mais les réfugiés de la paroisse qui comptaient des femmes et des enfants ont par la suite été attaqués par les soldats et les Interahamwe. XXXX, Hategekimana et XXXXX, en tant que figures d'autorité, n'ont pas assuré la protection ou la sécurité des réfugiés, mais ont au contraire encouragé les attaques.

37. Lors des événements auxquels se réfère l'acte d'accusation, XXXX et XXXXX du camp de Ngoma ont participé à l'infliction de traitements cruels aux civils tutsis en les frappant avec des bâtons, des branches d'arbres et des crosses de fusils.

38. Le ou vers le 24 avril, les réfugiés au groupe scolaire parmi lesquels se trouvaient des orphelins évacués du centre de

la Croix-Rouge de Kacyiru et d'autres orphelinats ont été attaqués par les soldats du camp de Ngoma et de l'ESO. Les soldats du camp de Ngoma étaient dirigés par le lieutenant Hategekimana alors que ■□■□■□■□■□■□■□■□ont été déployés sur les ordres ■□■□■□■□■□■□■□■□■□■ □■□■□ sous la direction du sous-lieutenant Niyonteze. Le surveillant des enfants a appelé l'ESO pour obtenir de l'aide et s'est entretenu avec XXXX qui a refusé d'envoyer de l'aide pendant les massacres.

39. XXXX, Idelphonse Hategekimana et XXXXXX voulaient inscrire les attaques dont les victimes ont été l'objet dans le cadre du conflit armé non international, parce que les civils tutsis étaient considérés comme étant des ennemis du gouvernement et/ou des complices du FPR.

40. XXXX, Idelphonse Hategekimana et XXXXX avaient l'intention de détruire l'ennemi tutsi en application de la politique du gouvernement de venir à bout du Front patriotique rwandais (FPR).

41. XXXX, XXXXX et le lieutenant Hategekimana voulaient inscrire l'incitation et les massacres décrits dans l'acte d'accusation dans le cadre du conflit armé non international contre le FPR. Par leurs actes au cours de la période à laquelle se réfère l'acte d'accusation, les accusés ont cherché à éliminer toute base de soutien que le FPR pouvait avoir dans la préfecture de Butare. Les accusés ont également voulu inscrire les actes de violence sexuelle et l'incitation à la violence sexuelle dans le cadre du conflit armé non international contre le FPR et de la réalisation des objectifs du gouvernement visant à vaincre l'ennemi et ses complices.

42. XXXX, XXXXX et le lieutenant Hategekimana, par leur position d'autorité et agissant de concert avec d'autres, ont participé à la planification, à la préparation et l'exécution d'un plan, d'une stratégie ou d'un dessein communs dans le but de commettre les atrocités relatées ci-dessus. Ces crimes ont été commis par eux personnellement, par des personnes qu'ils ont aidées ou par leurs subordonnés, en parfaite connaissance, avec leur consentement.

43. La Chambre a déclaré Hategekimana coupable d'assassinat constitutif de crime contre l'humanité en application de l'article 6.1 du Statut pour avoir ordonné le meurtre de Salomé Mujawayezu, d'Alice Mukarwesa et de Jacqueline Mukaburasa le 23 avril 1994. Elle ne statuera pas sur la responsabilité de l'accusé pour ces crimes en tant que supérieur hiérarchique en application de l'article 6.3 du Statut.

44. Pour les motifs exposés dans le jugement et après avoir examiné l'ensemble des éléments de preuve et des arguments présentés en l'espèce, la Chambre de première instance, statuant à l'unanimité, a déclaré Idelphonse Hategekimana :

Chef I : Coupable de génocide
Chef II : Non coupable de complicité dans le génocide
Chef III : Coupable d'assassinat constitutif de crime contre l'humanité
Chef IV: Coupable de viol constitutif de crime contre l'humanité

45. La Chambre a reconnu Hategekimana coupable de génocide en raison de sa participation à une entreprise criminelle commune visant à détruire le groupe ethnique tutsi,

dans le cadre de laquelle ces crimes ont été commis, à savoir le massacre de civils tutsis à la paroisse de Ngoma et au couvent des Benebikira ainsi que les meurtres de Salomé Mujawayezu, d'Alice Mukarwesa et de Jacqueline Mukaburasa. Elle l'a également reconnu coupable d'assassinats et de viols constitutifs de crimes contre l'humanité pour le meurtre de Jean Bosco Rugomboka, de Salomé Mujawayezu, d'Alice Mukarwesa, de Jacqueline Mukaburasa et de Solange Karenzi ainsi que pour le viol de Nura Sezirahiga. Hategekimana a participé à ce dessein criminel commun en fournissant des ressources humaines et en ordonnant aux auteurs matériels de commettre les meurtres. Des centaines de civils tutsis ont été tués dans ces attaques. Étant donné que Hategekimana était commandant du camp de Ngoma et une personnalité respectée dans la localité, sa présence sur les divers lieux de crimes et les propos qu'il y a tenus ont eu un effet substantiel sur les meurtres qui s'en sont suivis. Le rôle qu'il a joué dans le cadre de l'entreprise criminelle commune faisait de lui un coauteur de ces infractions.

46. Selon la législation rwandaise, le génocide et les crimes contre l'humanité sont passibles de la peine d'emprisonnement à perpétuité ou de la peine de réclusion criminelle à perpétuité en fonction de la nature de la participation de l'accusé. Dans la jurisprudence du Tribunal, l'auteur principal d'un crime encourt généralement une peine plus sévère que celle du complice. Les criminels qui sont sanctionnés le plus lourdement sont en général de hauts responsables.

47. Au moment des faits, Hategekimana était le commandant de droit et de fait du camp de Ngoma et une personnalité influente au niveau local. C'est lui qui était saisi pour

les questions concernant la sécurité et particulièrement la protection des réfugiés. Il était aussi membre du conseil de sécurité préfectoral.

48. Selon le procureur, les circonstances aggravantes qui pesaient contre Hategekimana comprennent notamment sa position, le fait qu'il ait agi avec préméditation, sa participation directe au crime en tant qu'auteur, le caractère violent et humiliant de ses actes et la vulnérabilité de ses victimes ainsi que la durée des infractions et les souffrances causées aux victimes. La Chambre a relevé qu'il est de jurisprudence constante devant le Tribunal de céans et le Tribunal pénal pour l'ex-Yougoslavie que la manière dont l'accusé a exercé son pouvoir de commandement ou le fait qu'il ait abusé de sa position personnelle au sein de la communauté pouvaient être considérés comme des circonstances aggravantes.

49. La Chambre d'appel a dit que le fait pour un accusé d'avoir abusé de son pouvoir hiérarchique ou de son influence pouvait être retenu comme circonstance aggravante. La Chambre a noté que Hategekimana était commandant de droit et de fait du camp de Ngoma. L'influence que lui conféraient sa position et la place qu'il occupait sur le plan local était telle qu'il fallait s'attendre à ce que d'autres personnes suivent son exemple, ce qui constitue une circonstance aggravante.

50. La Chambre a relevé le rôle qu'a joué l'accusé en tant que supérieur hiérarchique des militaires du camp de Ngoma dans l'enlèvement et le meurtre de Jean Bosco Rugomboka et elle en a tenu compte comme circonstance aggravante dans la détermination de la peine, conformément aux

conclusions juridiques qu'elle a dégagées sur ce point. En ce qui concerne l'abus d'autorité commis par Hategekimana, la Chambre a considéré comme circonstance aggravante le fait que celui-ci était membre du conseil de sécurité préfectoral de Butare et qu'il était chargé d'assurer la paix et la sécurité dans la commune de Ngoma. Il a à cet égard abusé de la confiance que la population avait placée en lui. Au lieu de promouvoir la paix et la sécurité, il a participé au génocide aux côtés de miliciens Interahamwe et de civils armés, ou laissé des militaires du camp de Ngoma qui étaient sous son commandement commettre des crimes comme le viol de Nura Sezirahiga. La Chambre a été d'avis que le rôle joué par Hategekimana en tant que personnalité influente dans les autres crimes dont il a été reconnu coupable en vertu de l'article 6.1 du Statut pour avoir donné des ordres et participé à une entreprise criminelle commune constitue lui aussi une circonstance aggravante.

51. De plus la Chambre a considéré le fait que l'accusé soit instruit comme une circonstance aggravante car, en tant que personne instruite, il était en mesure d'apprécier la dignité et la valeur de la vie humaine et devait être conscient de la nécessité de la coexistence pacifique entre les communautés.

52. La Chambre a estimé également que le nombre de victimes entraîné par les massacres perpétrés constitue une circonstance aggravante relativement à la condamnation de l'accusé pour génocide, crime pour lequel il n'est pas défini de nombre minimal de victimes.

53. Les circonstances atténuantes peuvent être sans rapport direct avec les infractions. La Chambre en a trouvé

peu en l'espèce. Elle a noté que Hategekimana était devenu orphelin à l'âge de 8 ans et qu'il avait dû avoir eu une enfance difficile. Elle a été consciente aussi de l'évolution de sa carrière dans l'armée rwandaise et des tâches difficiles qu'il a effectuées au front lorsque le conflit armé avec le FPR a éclaté en 1990. Le fait qu'il ait antérieurement « eu des états de service irréprochables et démontré de la bravoure au combat » ne saurait constituer une circonstance atténuante au regard du crime qu'il a commis. La Chambre a tenu compte du passé et de la situation personnelle de l'accusé mais, vu la gravité des crimes qu'il a commis, elle n'a accordé qu'un très faible poids à ces circonstances atténuantes.

54. La Chambre a pu, à sa discrétion, imposer une peine unique et elle a noté qu'il est habituellement indiqué de le faire lorsque les infractions peuvent être considérées comme relevant d'une seule entreprise criminelle.

55. La Chambre a pris en considération la gravité de chacun des crimes dont l'accusé a été déclaré coupable ainsi que les circonstances aggravantes ou atténuantes invoquées par les parties. Prenant en compte les circonstances pertinentes examinées plus haut et s'étant assurée que l'accusé n'a pas précédemment été puni à raison de la même infraction, la Chambre l'a condamné à une peine unique d'EMPRISONNEMENT À VIE.

56. La peine ainsi prononcée sera exécutée dans un État désigné par le président du tribunal après consultation de la Chambre. Le greffier en aura avisé le gouvernement rwandais et l'État désigné.

57. Dans l'attente de son transfèrement au lieu désigné pour exécution de sa peine, Idelphonse Hategekimana aura été maintenu en détention sous le régime qui était le sien à l'époque.

PROCÈS D'O. J. SIMPSON, 1995

Maylis de Kerangal

ORANGE COUNTY FREEWAY. EXT/JOUR

Une Ford Bronco 1993, de couleur blanche, fonce sur une autoroute. La circulation est dense. La Ford fait une queue-de-poisson à une autre voiture blanche qui est contrainte de freiner violemment et qui la klaxonne.

La Ford slalome dangereusement entre les voitures, se déporte sans cesse d'une file sur l'autre.

Les klaxons des voitures se mêlent à un autre vacarme, de plus en plus strident. Une cohorte de voitures de police noires, aux portières siglées LAPD, apparaît à quelques dizaines de mètres derrière la Ford, toutes sirènes hurlantes.

Un hélicoptère de la chaîne KCBS a pris la voiture en chasse et survole l'autoroute à une vingtaine de mètres. La porte de l'appareil est ouverte et laisse voir l'objectif d'une caméra.

La Ford passe une pancarte indiquant HOLLYWOOD NORTH.

HOLLYWOOD NORTH. EXT/JOUR

La Ford Bronco roule à vive allure sur un large boulevard. Les voitures de police la suivent de près sans la doubler, comme si elles lui faisaient escorte. De part et d'autre de la chaussée, des gens sont massés au bord des trottoirs et regardent passer le convoi et encouragent la Ford blanche.

La Ford pénètre un quartier boisé. Des villas cossues de styles variés s'alignent le long de l'avenue, entourées de jardins luxuriants.

UNE AVENUE DANS UN QUARTIER RÉSIDENTIEL. EXT/JOUR

Le soir tombe. La Ford est immobilisée devant une maison à colombages, sorte de chaumière luxueuse. Tout est calme.

Un chien aboie au loin.

Les voitures de police à l'arrêt encerclent la Ford à moins de 10 mètres. Les sirènes se sont tues mais les lumières clignotent.

Un policier regarde sa montre qui indique 20 heures. Son visage poupin est rouge et la sueur perle le long de ses tempes. Il soulève sa casquette, s'essuie le front du revers de la main, puis la remet, sans quitter des yeux la Ford. Il mâche un chewing-gum avec ostentation. Il jette un regard sur sa grosse montre de plongée qui indique 20 heures et une date, le 17/06/95.

LE POLICEMAN (entre ses dents)
Putain O. J… Tu sors oui ou merde ?…
Quarante-cinq minutes qu'on est là…

Au commencement, il y a toujours une échappée. Quelqu'un ou quelque chose s'échappe, quelqu'un ou quelque chose qu'il faut attraper. Une pression s'exerce en un point de la machine, ça se fend ou ça se troue, ça fuit, après quoi c'est *Catch me if you can*, mise en branle du désir, accélération du mouvement et course-poursuite. *Catch me if you can*, de quoi rendre dingue.

Le 17 juin 1994, sur l'Orange County Freeway, il y a bien une Ford Bronco Blanche qui taille la route prise en chasse par la police et, assis sur la banquette arrière, agité, un revolver à la main, tandis que son ami accroché au volant appuie sur l'accélérateur, il y a bien un homme en fuite, Orenthal James Simpson, O. J., *The Juice*.

Un champion américain, ou plutôt un champion de l'Amérique, un héraut de son message. Puisque né dans la zone de San Francisco pauvre petit Noir aux jambes torses et grandi loubard de Potrero Hill avant de passer sous la protection du roi du base-ball noir, Willie Mays, et d'échapper à la prison comme on échappe à un destin tout tracé, – *escape*. Puisque corps glorieux passé au tamis du football américain, carrière fabuleuse ponctuée de trophées célébrant la rage et la puissance, l'ardeur à foncer tout droit sans lâcher le ballon, la capacité à prendre des coups, à être dur au mal, à échapper à la horde d'en face – *escape*. Puisque corps désirable, vectorisé sur les écrans du cinéma et de la télévision où il reconvertit sans cesse son ambition, son charisme et sa dépense physique – *escape*. Corps capté par le sport et le cinéma, deux sphères où s'élaborent les mythes, deux fabriques à idoles. O. J. Simpson est une incarnation de la Promesse américaine.

Cinq jours auparavant, le 12 juin, l'ex-femme de Simpson, Nicole Brown Simpson et son ami Ronald Goldman, sont retrouvés morts dans leur maison de Los Angeles. Des indices Cluedo – sang d'O. J., empreinte ADN sous ses semelles provenant de la scène du crime, gant – autorisent à soupçonner O. J. comme étant l'auteur du double crime. Malgré l'atrocité des faits – Nicole égorgée, Ronald poignardé de trente coups de couteau –, ses avocats obtiennent qu'il puisse se rendre de lui-même aux autorités. Une date est fixée : le 17 juin à 11 heures. Plus d'un millier de journalistes attendent devant les locaux de police, attendent O. J. qui ne vient pas quand d'autres journalistes, d'autres micros et d'autres caméras montent la garde devant chez lui où il n'est pas non plus, où son ami Robert Kardashian, sur le pas de la porte, donne lecture d'une lettre où Simpson nie être l'auteur du meurtre et laisse flotter l'hypothèse de son prochain suicide. À 18 h 45, sa voiture est repérée, interceptée, mais le chauffeur crie au policier qu'O. J. a braqué un pistolet sur sa tête, le policier recule, la chasse reprend.

Donc, c'est une promesse qui se fait la malle, une promesse en cavale qu'il faut capturer. Les images, d'emblée, s'en chargent : l'hélicoptère de la chaîne KCBS qui filmait la fuite sur l'autoroute est peu à peu rallié par une douzaine d'agences de presse qui diffusent la chasse en direct sur les chaînes de télévision. Si bien que quatre-vingt-quinze millions de spectateurs auront suivi l'épisode, zyeutant l'écran comme sous hypnose. Auront suivi la Ford blanche depuis l'autoroute jusqu'à la néo-chaumière hollywoodienne, et auront attendu pendant 45 minutes qu'O. J. se décide à en sortir. Mais, dès l'instant où O. J. met un pied hors du véhicule, dès l'instant où il se rend aux policiers qui ont encerclé sa voiture façon *American gangsters* et se tiennent aux aguets, silencieux, le sang sous pression dans les artères, voilà que ça recommence, voilà que ça repart de plus belle, O. J. devant et toute l'Amérique après lui, la fuite en avant.

Le procès s'ouvre près d'un an plus tard, en mai 1995, trois ans seulement après les émeutes de Los Angeles déclenchées à l'issue de l'acquittement des quatre policiers qui avaient matraqué un conducteur noir, Rodney King.

Aussitôt ça recommence, ça s'emballe, aussitôt ça déborde, et en premier lieu l'intérêt phénoménal des Américains pour le procès de Simpson : procès-miroir – O. J., qu'as-tu fait de la Promesse américaine ? O. J., qu'as-tu fait de nous ? –, et procès armaturé par la tension raciale – comme si cette question nodale allait trouver à se délier dans la salle du tribunal de Los Angeles, comme si cette justice-là allait y être rendue. De fait, yes, Simpson soudain est noir et l'on s'aperçoit que bon sang il l'a toujours été : noir lorsqu'il devint recordman de la distance parcourue sur le terrain en une saison soit 2 003 yards en quatorze matchs, noir lorsqu'il est élu en 1973 *Most valuable player* (Joueur le plus utile à son équipe), ou encore noir quand il devient ensuite la vedette des publicitaires et que les sondages marketing le définissaient pourtant comme « sans couleur ». Sa peau s'était-elle peu à peu délavée à force de transpirer sous le maillot de l'USC (*University of Southern California*) puis sous ceux, professionnels, des Buffalo Bills et des 49ers de San Francisco ? Avait-elle donc blanchi sous les flashs à force de remporter les trophées les plus « éclatants », les plus glorieux de la discipline (dont le Heisman Trophy en 1969) ? Ou s'était-elle donc décolorée, crémeuse et riche à force de tremper dans le bain miroitant et bulleux du lac hollywoodien (grosses productions, grosses stars, gros cachets) ou dans le flot télévisuel, prosaïque et familier, célébrant *l'American way of life* traversé de voitures Hertz, de chaussures Dingo ? C'est un grossier « retour du refoulé » : le *Time* décide de retoucher la photo de Simpson après arrestation publiée en couverture, retoucher autrement dit noircir : comme si O. J., inculpé du meurtre sanglant de sa blanche épouse, n'était plus « assez » noir et qu'il fallait « ravoir » sa couleur, la faire revenir – un scandale qui aussitôt exaspérera illico le clivage racial comme du white-spirit sur une plaie à vif.

Donc, dès l'ouverture du procès, la télévision est là : dix-neuf chaînes accréditées braquent leurs caméras depuis des pylônes placés devant le tribunal, bientôt les journalistes de CNN font sonner les téléphones portables de la défense en plein réquisitoire, la Fox promet un million de dollars pour l'exclusivité des confidences d'Al Cowlings – l'ami de Simpson qui conduisait la Ford blanche –, les tabloïds s'agitent également. Et les médias s'échappent de leur pré carré, débordent la machinerie judiciaire, deviennent partie prenante de l'enquête, et rivalisent avec l'instruction – un exemple : la chaîne locale KCTV obtiendra le résultat des analyses de chaussettes d'O. J. avant le département de la Justice. Au bout de trois mois d'audiences, neuf citoyens américains sur dix déclareront suivre le procès. Des dizaines de millions de téléspectateurs.

Une telle audience met le tribunal sous pression et requiert qu'il trouve des points de fuite, des zones de décompensation. Très vite, le procès s'en arrache pour dériver vers autre chose que lui-même en outrant les codes du dispositif théâtral inhérent au prétoire, en territorialisant les camps en présence – l'Accusé, la Cour, l'Accusation, la Défense, le Public. La Cour mute scène télévisuelle voire studio de cinéma et dès lors, il faut des héros qui tiennent la baraque, des têtes d'affiches, des grosses pointures. Les cadors pommadés qui s'avancent pour défendre Simpson – « mal parti » compte tenu des indices et analyses en tout genre –, sont des premiers rôles : Robert Shapiro et Johnnie Cochran. Le premier est une figure du *business*, a amorcé sa carrière au service de la star du porno Linda Lovelace, et vient d'assurer la défense du fils de Marlon Brando, Christian, inculpé du meurtre de Dag Drollet, compagnon de sa sœur Cheyenne ; le second est l'avocat de grandes stars du tout-Hollywood, compte Liz Taylor au nombre de ses clientes, a récemment sorti Michael Jackson du pétrin au prix d'une transaction – accusé d'entretenir une relation pédophile avec son jeune protégé Jordan Chandler, la star signera finalement un chèque de 22 millions de dollars à la famille de l'enfant contre un retrait de la plainte. Shapiro et Cochran, Cochran et Shapiro. Deux loups blancs de Beverly Hills, deux personnages rompus à la manipulation des médias, deux vedettes américaines qui incarnent l'hybridation de la justice et du spectacle : ils livreront un numéro de claquettes réglé au millimètre. Face à eux, Marcia Clark, la procureure, décidée à restaurer la Loi, à redorer le blason d'une justice bafouée dans l'affaire Rodney King. Un bon casting, pour peu que chacun travaille son emploi comme un acteur. Or, si Shapiro et Cochran sont des as de la plasticité inhérente à *l'entertainment* – aptitude à « sentir la salle », à émouvoir le public – Clark est à la traîne et va œuvrer pour y remédier.

Le *show*, on y est. Le *show* est devenu le paradigme absolu permettant de débrouiller les fils de l'imbroglio judiciaro-racial qui se déroule sous les yeux des Américains fascinés. Séduire les jurés – et pas seulement les convaincre –, à l'instar des émissions de téléréalité où il est demandé au public de voter pour l'un ou l'autre candidat en lice, devient l'enjeu des débats. La sélection du jury est alors un préalable crucial au procès et sa première bataille : le jeu des récusations s'y associe à des méthodes de sondages utilisant le marketing et le *paneling* : 75 pages de questionnaires seront distribuées aux candidats en lice afin de réunir « le bon jury ». Par ailleurs, le procès Simpson est celui de la banalisation des *trial consultants* et autre jurys test, dispositifs spécifiques chargés d'évaluer l'efficacité des interventions des forces en présence, voire de leur faire rectifier le tir. Les *trial consultants* qui sont à la justice ce que les avocats spécialistes de l'optimisation fiscale sont à la finance, apportent aux deux camps une expertise technique tandis qu'à l'inverse les jurys test les renseignent sur l'impact émotionnel, sur l'impalpable ressenti des jurés. L'État de Californie s'offre un groupe pour éclairer l'accusation – groupe qui conclura que Marcia Clark doit en premier lieu modifier son allure, ses vêtements, sa coiffure – et de même, Cochran et Shapiro installent hors du prétoire, dans un hôtel voisin, un jury cobaye qui réagira en direct, bips en main, aux plaidoiries de la défense. Les deux camps rôdent, adaptent, peaufinent leurs interventions en les ajustant aux réactions de ces jurés « pour de faux », dont les atermoiements, doutes, préjugés répliquent par analogie ceux des hommes et femmes qui siègent dans la salle.

Et répliquent notamment, le clivage racial qui traverse les débats. Exemplairement, c'est sur une accusation de racisme que la défense discréditera le policier Fuhrman, alléguant qu'il avait donc contaminé la scène de crime et produisant devant la Cour les *Furhman Tapes*, ces enregistrements où l'on entend le policier prononcer le mot *nigger* bien qu'il l'eût toujours nié ; Furhman pour se défendre dut alors produire des témoins noirs. Si la question raciale joue comme l'œil du cyclone de ce procès, c'est aussi que les sondages d'opinion sur la culpabilité ou l'innocence de Simpson font affleurer le marqueur racial : les Américains blancs sont majoritairement convaincus de sa culpabilité et les Afro-Américains, qui eux aussi, pensent en majorité que Simpson pourrait bien être coupable, déplacent l'enjeu du procès et expriment une solidarité de race : peu importe qu'il ait ou non tué Nicole et Ronald, O. J. est O. J., O. J. est un Noir – et O. J. est la Promesse. Le procès écrit un autre scénario et échappe à son objet premier, rendre un verdict sur une accusation d'homicide, il fuit sur une orbite hérissée de marqueurs forts : émeutes, racisme, maltraitances policières. La procureure l'a senti qui n'a pas requis la peine capitale, craignant d'affoler les jurés.

C'est hors de la salle que désormais se règle le déroulement des débats, que se fixe leur contenu et plus encore la manière dont ils sont menés. Le procès s'exporte, le procès éclate et s'éclate comme on le dirait d'un enfant qui part en vrille et fonce se défouler au jardin, il se reconvertit film de genre – mélo, *trial movie* –, série télévisée, feuilleton sensationnel. Toujours structuré par ce mouvement d'échappée au-dehors, hors du tribunal, hors du prétoire, et *in fine*, hors de la loi elle-même. Un procès qui fuit en avant et que rien ne peut arrêter. Pas même le verdict qui, exemplairement, loin de clore le sujet et de stopper la machine, ne fait que la relancer. Le 3 octobre 1995, la non-culpabilité d'O. J. Simpson est prononcée devant 100 millions de téléspectateurs. O. J. sort du tribunal. Et ça repart, et tout recommence.

O. J. Simpson acquitté au pénal sera reconnu coupable le 4 février 1997 du meurtre de Ronald Goldman et de coups et blessures sur Ronald Goldman et Nicole Brown lors d'un second procès civil.

PROCÈS DE TIHOMIR BLASKIC, 1995-2003

Mathias Énard et Mathieu Larnaudie

Ce texte résulte d'un montage réalisé à partir des transcriptions de l'acte d'accusation, des verdicts de première et de seconde instance, ainsi que des comptes rendus d'audience du procès de Tihomir Blaskic devant le Tribunal pénal international (*TPI*) *de La Haye. Ces documents sont disponibles dans leur intégralité sur le site des Nations unies.*

M. E. et M. L.

ACTE D'ACCUSATION

Richard J. Goldstone, procureur du Tribunal pénal international pour l'ex-Yougoslavie, en vertu des pouvoirs que lui confère l'article 18 du Statut du Tribunal pénal international pour l'ex-Yougoslavie (« Le Statut du Tribunal »), fait valoir que :

Des violations graves du droit international humanitaire ont été commises durant la période allant de mai 1992 à mai 1993, lorsque les forces armées du Conseil de défense croate (ci-après HVO) de la communauté croate de Herceg-Bosna (ci-après HZ-HB) ont attaqué, de façon générale, la population civile musulmane dans les villes, villages et hameaux de la région de la vallée de la Lasva de la Bosnie centrale et, plus particulièrement, les municipalités de Vitez et de Busovaca, ainsi que la population civile de la ville voisine de Zenica, dans le territoire de la République de Bosnie-Herzégovine.

L'ACCUSÉ

Tihomir Blaskic, fils de Ivo, est né le 2 novembre 1960 dans le village de Brestovsko, municipalité de Kiseljak, dans la République de Bosnie-Herzégovine. Officier militaire de carrière, il est sorti de l'Académie militaire de Belgrade et était auparavant capitaine dans l'Armée populaire yougoslave (JNA). Durant toute la période couverte par cet acte d'accusation, il avait le grade de colonel et était le commandant de la zone opérationnelle de Bosnie centrale du HVO. Depuis environ août 1993, il a le grade de général et est chef d'état-major du HVO, son quartier général étant à Mostar. [...]

CHEFS D'ACCUSATION 1-3
CRIMES CONTRE L'HUMANITÉ

35. **Tihomir Blaskic, entre le 1er mai 1992 et le 31 mai 1993**, individuellement et de concert avec d'autres, a planifié, incité à commettre, ordonné ou de toute autre manière aidé et encouragé à planifier, préparer ou exécuter les crimes suivants :

a) persécutions de Musulmans de Bosnie dans la région de la vallée de la Lasva, République de Bosnie-Herzégovine, pour des raisons politiques, raciales et religieuses ;

b) pilonnages et attaques qui ont causé la mort de plus de cent civils bosniaques dans la région de la vallée de la Lasva et la ville de Zenica, République de Bosnie-Herzégovine ;

c) actes inhumains commis contre des civils bosniaques dans la région de la vallée de la Lasva et des civils dans le centre commercial de la ville de Zenica, République de Bosnie-Herzégovine, et, ou alternativement, savaient ou avaient des raisons de savoir que des subordonnés s'apprêtaient à commettre ces actes ou l'avaient fait et n'ont pas pris les mesures nécessaires et raisonnables pour empêcher que lesdits actes ne soient commis ou en punir les auteurs.

[...]

CHEFS D'ACCUSATION 4-7
INFRACTIONS GRAVES ET VIOLATIONS DES LOIS OU COUTUMES DE LA GUERRE
HOMICIDE INTENTIONNEL ET ATTEINTES GRAVES À L'INTÉGRITÉ PHYSIQUE DE CIVILS MUSULMANS DE BOSNIE

36. **Dario Kordic**, **Tihomir Blaskic** et **Mario Cerkez**, **entre le 1er janvier et le 31 mai 1993**, individuellement et de concert avec d'autres, ont planifié, incité à commettre, ordonné ou de toute autre manière aidé et encouragé à planifier, préparer ou exécuter l'assassinat de plus de cent civils et porté des atteintes graves à l'intégrité physique de nombreux autres dans la région de la vallée de la Lasva et dans la ville de Zenica, République de Bosnie-Herzégovine et, ou alternativement, savaient ou avaient des raisons de savoir que des subordonnés s'apprêtaient à commettre ces actes ou l'avaient fait et n'ont pas pris les mesures nécessaires et raisonnables pour empêcher que lesdits actes ne soient commis ou pour en punir les auteurs.

[...]

CHEFS D'ACCUSATION 8-10
INFRACTIONS GRAVES ET VIOLATIONS DES LOIS OU COUTUMES DE LA GUERRE
TRAITEMENT ILLÉGAL DE DÉTENUS MUSULMANS DE BOSNIE

37. **Dario Kordic, Tihomir Blaskic, Mario Cerkez, Ivan Santic, Pero Skopljak** et **Zlatko Aleksovski**, entre le 1er janvier et le 31 mai 1993, individuellement et de concert avec d'autres, ont planifié, incité à commettre, ordonné ou de toute autre manière aidé et encouragé à planifier, préparer ou exécuter le traitement illégal de détenus musulmans de Bosnie dans la région de la vallée de la Lasva, Bosnie-Herzégovine et, ou alternativement, savaient ou avaient des raisons de savoir que des subordonnés s'apprêtaient à commettre ces actes, ou l'avaient fait, et n'ont pas pris les mesures nécessaires et raisonnables pour empêcher que lesdits actes ne soient commis ou pour en punir les auteurs.

[...]

CHEFS D'ACCUSATION 11-13
INFRACTIONS GRAVES ET VIOLATIONS DES LOIS OU COUTUMES DE LA GUERRE
ATTAQUES, BOMBARDEMENTS ET DESTRUCTION DE BIENS CIVILS

38. **Dario Kordic, Tihomir Blaskic** et **Mario Cerkez**, entre le 1er janvier et le 31 mai 1993, individuellement et de concert avec d'autres, ont planifié, incité à commettre, ordonné ou de toute autre manière aidé et encouragé à planifier, préparer ou exécuter l'attaque, le bombardement et la destruction d'habitations, entreprises, bâtiments, biens mobiliers et bétail dans la région de la vallée de la Lasva, République de Bosnie-Herzégovine et, ou alternativement, savaient ou avaient des raisons de savoir que des subordonnés s'apprêtaient à commettre ces actes ou l'avaient fait et n'ont pas pris les mesures nécessaires et raisonnables pour empêcher que lesdits actes ne soient commis ou pour en punir les auteurs.

[...]

Mercredi 25 juin 1997

L'audience est ouverte à 10 h 05.

M. le président – Monsieur le greffier, pouvez-vous faire entrer l'accusé ?

(*L'accusé, M. Blaskic, est introduit dans la salle d'audience.*)

M. le président – L'interprétation fonctionne ? (*Vérification de l'installation.*) Monsieur le procureur, bonjour. Est-ce que vous m'entendez ? Maître Hayman, maître Nobilo, est-ce que vous m'entendez ? Général Blaskic, vous m'entendez également ? Oui, la cabine fonctionne. Nous allons reprendre le cours de nos travaux et j'indique au procureur que le Tribunal a décidé de siéger cet après-midi et si l'expert, M. Donia, n'a pas terminé ce matin, il continuera cet après-midi à 15 heures.

[...]

M. Kehoe (*interprétation*) – Si je me souviens bien, nous nous sommes arrêtés hier soir à la pièce n° 5, et je souhaite qu'on replace cette pièce sur le rétroprojecteur. Il s'agit de la pièce n° 8. Si vous portez votre attention sur la pièce n° 8, il s'agit de la carte de l'État bosniaque à la fin du XIVe siècle.

M. Donia (*interprétation*) – Il s'agit de la carte de l'État bosniaque à la fin du XIVe siècle.

M. Kehoe (*interprétation*) – Pouvez-vous m'indiquer l'ensemble de ce territoire ?

M. Donia (*interprétation*) – L'État bosniaque commençait ici au début du XIIe siècle, dans cette région presque circulaire, et s'est élargi ensuite pour englober l'ensemble de ce qui est aujourd'hui la Bosnie, y compris une bonne partie de la côte dalmate et une autre partie de cette même côte qui a été sous le règne des Nemanjic.

M. Kehoe (*interprétation*) – Donc, fin XIVe siècle, en regardant l'ensemble de cet empire bosniaque à l'époque, il s'agissait d'un empire qui comprenait des parties importantes de la Croatie.

M. Donia (*interprétation*) – Oui, ce n'était pas un empire, mais un royaume important à l'époque.

M. Kehoe (*interprétation*) – Nous passons maintenant au royaume de la Croatie. Je vous prie de remettre cette pièce pour être enregistrée aux fins d'identification. Je pense que le numéro à retenir serait la pièce à conviction nº 9. Monsieur Donia, la carte est sur le rétroprojecteur. Pourriez-vous reprendre cette question du royaume de Croatie du XIVe siècle ?

M. Donia (*interprétation*) – À l'origine, il s'agissait d'un royaume qui a été constitué par des tribus slaves vers la fin du XIVe siècle.

[...]

M. Hayman (*interprétation*) – Monsieur le président, le document suivant que nous souhaitons soumettre à la chambre fait partie des documents qui, si j'ai bien compris, ont fait l'objet d'une audience *ex parte* entre le bureau du procureur et les juges de cette chambre. Nous remercions la chambre d'avoir bien voulu s'occuper de cette question. Nous avons reçu ces documents, mais la défense n'est pas encore tout à fait au clair quant au fait de savoir si ce document doit être sous scellés ou s'il peut être public. Nous ne connaissons pas le statut de ces documents, nous savons simplement qu'ils nous ont été fournis hier.

M. le président – Monsieur le greffier...

M. Dubuisson – Les documents qui ont été remis ne sont pas des documents publics.

M. le président – Ils restent donc sous scellés.

M. Hayman (*interprétation*) – Dans ces conditions, monsieur le président, de façon à ce que nous puissions les placer sur le rétroprojecteur et les discuter pleinement, je proposerai un huis clos.

M. le président – Huis clos, d'accord.

[...]

Vendredi 26 février 1999

L'audience est ouverte à 9 h 10.

M. le président – Veuillez vous asseoir. Monsieur le greffier, pouvez-vous introduire notre témoin ? (*Le témoin, M. Blaskic, est introduit dans le prétoire.*) Je salue les interprètes.

L'interprète – Bonjour, monsieur le président.

M. le président – Tout le monde va bien, surtout le vendredi. Je salue le banc de l'accusation, les conseils de la défense, l'accusé qui est notre témoin. Dans ces conditions, je crois, maître Nobilo, que nous pouvons poursuivre pour l'examen détaillé de cette journée du 16 avril. [...] Nous en sommes arrivés hier, à 11 h 05, après cela, à 11 h 15, général, quelqu'un tente d'établir le contact avec l'état-major général, encore une fois, qui a fait cela ?

M. Blaskic (*interprétation*) – C'est moi qui ai tenté d'établir la liaison avec l'état-major principal pour l'informer des événements en cours et lui demander d'agir afin de mettre un terme aux opérations de combat.

[...]

M. Hayman (*interprétation*) – Cette déposition est faite pour un public composé de trois personnes, monsieur le président. C'est vous monsieur le président, messieurs les juges qui constituez ce public et le juge Shahabuddeen a tout à fait raison, cinq semaines d'interrogatoire et garder pendant cinq semaines une question à l'esprit avant de la poser, c'est difficile, même avec un ordinateur, ce serait difficile de garder tout cela en mémoire.

[...]

M. Blaskic (*interprétation*) – Il m'a fait savoir, à 11 h 42, que les combats étaient en cours, qu'ils étaient très violents et pénibles, que tous les moyens disponibles étaient engagés contre nous, y compris les femmes et que les combats étaient les plus durs et les plus difficiles autour de l'école et de la mosquée.

[...]

M. Nobilo (*interprétation*) – À 13 h 20, une fois de plus, un membre du commandement, Mile Vinac, vous appelle. D'où appelait-il ? Que voulait-il ?

M. Blaskic (*interprétation*) – Eh bien, sa voix était teintée de panique et de larmes. Il m'a dit qu'il appelait de chez lui à Donja Veceriska. Il m'a dit qu'il ne pouvait pas sortir de chez lui, qu'il n'avait plus de munitions et il ne cessait de répéter : « C'est fini, c'est fini, nous sommes finis ». J'ai essayé de le calmer et je lui ai dit de tenir encore un peu plus longtemps parce que l'aide allait lui parvenir.

M. Nobilo (*interprétation*) – Occupait-il une position de combat avec sa femme et ses enfants ?

M. Blaskic (*interprétation*) – Il m'a téléphoné et m'a dit qu'il appelait de chez lui où il vivait avec sa femme et ses enfants et les autres membres de sa famille, avec sa mère ou son père, je crois.

M. Nobilo (*interprétation*) – Dans quel état psychologique était-il ?

M. Blaskic (*interprétation*) – En fait, j'entendais la voix d'un homme désespéré qui se sentait perdu. Il pleurait et sa voix était entrecoupée de sanglots. Et il pensait qu'il n'avait plus aucun espoir, il ne savait pas comment il allait réussir à survivre. Il n'arrêtait pas de dire : « Nous sommes finis, nous sommes finis, c'est la fin. »

[...]

M. Nobilo (*interprétation*) – À 13 h 39, vous recevez un nouvel appel de Donja Veceriska.

M. Blaskic (*interprétation*) – Oui. De nouveau, c'est un homme en pleurs qui dit que la situation est désespérée. C'est Vinac qui téléphone.

M. Nobilo (*interprétation*) – Est-ce qu'il y a eu des mots d'adieu pendant cette conversation ?

M. Blaskic (*interprétation*) – Oui.

M. Nobilo (*interprétation*) – Dans quel sens ?

M. Blaskic (*interprétation*) – Il disait que c'était son dernier appel, qu'il n'aurait plus l'occasion de téléphoner en disant qu'ils étaient très près, que des maisons brûlaient autour de lui et il disait : « Probablement nous serons tous tués. »

[...]

M. Nobilo (*interprétation*) – Pouvez-vous identifier l'endroit où il se trouvait ?

M. Blaskic (*interprétation*) – D'après les rapports que j'ai reçus, c'était ici. C'était devant la mosquée et devant l'école.

M. Nobilo (*interprétation*) – D'après vos informations, où les combats étaient-ils en cours ? Pouvez-vous nous décrire l'endroit ?

M. Blaskic (*interprétation*) – C'est devant l'école élémentaire et devant la mosquée.

[...]

M. Nobilo (*interprétation*) – À 14 h 07, vous donnez un nouvel ordre à l'artillerie.

M. Blaskic (*interprétation*) – J'ai de nouveau demandé un appui de l'artillerie.

[...]

M. le président – Maître Hayman, vous êtes un avocat très habile, mais il se trouve que je suis un juge très habile aussi. Je vois tout à fait ce que vous voulez dire en prévision du futur de la procédure. Je vous signale que nous tenons des règles, le pouvoir de questionner le témoin comme nous le souhaitons et, à tout moment où nous le souhaitons.

M. le président – Je vous propose de faire une pause de 30 minutes. Nous reprendrons à 12 heures pour, ensuite, aller jusqu'à 13 h 30. L'audience, suspendue à 11 h 25, est reprise à 11 h 45.

[...]

M. Blaskic (*interprétation*) – À 18 h 04, j'ai appelé le commandant du bataillon d'artillerie combinée afin qu'il se prépare à tirer sur la position 649.

[...]

M. le président – Ce sont les notes de votre assistant dont vous vous servez ?

M. Blaskic (*interprétation*) – Non, au moment de ma préparation, lorsque j'ai décidé de me rendre devant ce Tribunal, j'ai utilisé tous les documents disponibles à l'époque. Je parle de novembre et décembre 1995. J'ai fait cela, monsieur le président, de telle manière à écrire toute la chronologie en me basant sur ces notes. Et sur la base de mes propres notes et, les notes que j'ai prises, moi, à l'époque, j'ai pu écrire ma première déclaration. Pour ce témoignage, je n'ai qu'un agenda, une chronologie et le nom des personnes qui m'ont téléphoné et un résumé du compte rendu de ces conversations, ce sont des notes aide-mémoire en quelque sorte...

M. le président – Je prends l'exemple qui m'a fait vous interrompre, ce dont je m'excuse, vous le savez : 19 h 15, une déclaration au public est rédigée, cela veut dire que vous ne vous souvenez plus ce qu'il y avait dans cette déclaration ?

M. Blaskic (*interprétation*) – Actuellement, je ne peux pas vous reproduire le contenu de cette déclaration.

M. le président – Vous m'avez éclairé.

[...]

M. Nobilo (*interprétation*) – Avez-vous évoqué le fait que, du côté musulman bosnien, il y a eu une propagande qu'une mosquée a été détruite, vous en avez parlé ?

M. Blaskic (*interprétation*) – Je ne m'en souviens pas.

[...]

M. Hayman (*interprétation*) – Parlons avec les interprètes de la cabine à ce sujet. Posons-leur la question, demandons-leur quelle a été la question. Est-ce qu'ils se sont corrigés eux-mêmes ou est-ce que c'est maître Nobilo qui s'est corrigé ? Demandons aux interprètes.

M. le président – Vous allez trop vite puisque je n'ai pas encore terminé l'interprétation de la première question et déjà cela s'agite de tous les côtés. Alors, calmons-nous, s'il vous plaît. Voyons, maître Kehoe, quelle est votre objection ? Laissez-moi entendre l'objection de maître Kehoe et je vous promets, maître Hayman, que je vous écouterai tout de suite après. Maître Kehoe, quelle est votre objection ?

M. Kehoe (*interprétation*) – Mon commentaire, monsieur le président, consistait tout simplement à dire ce qui suit – je ne sais pas si mon micro fonctionne, normalement, il devrait fonctionner –, enfin, mon commentaire est le suivant : une question était posée, puis une autre question si j'écoute les interprètes. Monsieur Hayman maintient que la différence entre les deux questions vient des interprètes, ce que je trouve un peu étonnant puisqu'ils ne parlent pas la langue originale. Il me semble en tout cas que la question dite par les interprètes n'était pas la même les deux fois.

M. Hayman (*interprétation*) – Demandons aux interprètes, monsieur le président, demandons-leur.

M. le président – Attendez, je veux d'abord entendre votre objection. Quelle est votre objection ? Vous n'êtes pas d'accord avec maître Kehoe, si je comprends bien.

M. Hayman (*interprétation*) – Monsieur Kehoe est en train d'essayer de semer le doute dans vos esprits, Messieurs les juges, quant aux mots ou expressions utilisés par maître Nobilo, en essayant de vous convaincre que c'est maître Nobilo qui pense que la police militaire était subordonnée au colonel Blaskic à l'époque, c'est-à-dire le 16 avril. Nous avons déjà fait un commentaire comparable il y a un jour ou deux s'agissant du fait que les interprètes de cabine se corrigent parfois par rapport à ce qu'ils ont dit. J'ai parlé aux interprètes après cet incident et ils m'ont dit qu'en fait, ils se corrigeaient eux-mêmes, ils ne reprenaient pas une correction de l'accusé parce qu'à l'époque, c'est l'accusé qui parlait. Il parlait d'un point tout à fait important sur le plan formulation, libellé. Maître Kehoe suggère donc que c'est maître Nobilo qui aurait remplacé par une espèce de glissade un mot par un autre, c'est-à-dire le mot « subordination » par le mot « détachement » et, monsieur le président, nous ne voulons aucune ambiguïté dans le compte rendu de ce procès. J'aimerais donc qu'on demande aux interprètes si c'est maître Nobilo qui a utilisé ces deux termes comme étant interchangeables dans sa question ou si c'est bien le terme « détaché » qui a été utilisé par maître Nobilo, et si ce sont les interprètes qui se sont corrigés et ont donc donné deux mots différents comme étant synonymes.

M. le président – À vous écouter... D'ailleurs, à ce sujet, je vous félicite, vous êtes un magnifique avocat pour maître Nobilo. Vous êtes non seulement l'avocat du général Blaskic, mais vous êtes un avocat de maître Nobilo très fervent. Je dois dire que je ne partageais pas du tout – si vous m'aviez laissé terminer... – le commentaire de maître Kehoe. J'avais très bien compris qu'il ne s'agissait pas cette fois-ci d'une affirmation de maître Nobilo. Dans mon interprétation, il s'agissait bien d'une question qui me paraissait très simple, c'est de savoir ou de demander à l'accusé de savoir si la police militaire lui était subordonnée à ce moment-là et en vertu de quel ordre. Est-ce que c'était bien votre question, maître Nobilo ou est-ce que je me trompe ?

M. Hayman (*interprétation*) – Pas en anglais, monsieur le président, non. Ce n'était pas la question posée en anglais.

M. le président – C'est très simple. Il est 13 h 14, moi aussi, je fais comme l'accusé. À 13 h 14, le président demande à maître Nobilo de reformuler la question. À 13 h 15, maître Nobilo reformule la question et à 13 h 15 et 30 secondes les interprètes de la cabine anglaise sont priés de bien interpréter la question de maître Nobilo. S'il vous plaît, l'incident sera clos. Allez-y, maître Nobilo, parlez lentement.

[...]

DISPOSITIF

PAR CES MOTIFS, LA CHAMBRE, statuant à l'unanimité de ses membres,

DÉCLARE Tihomir Blaskic COUPABLE : d'avoir, entre le premier mai 1992 et le 31 janvier 1994, ordonné, dans les municipalités de Vitez, Busovaca et Kiseljak, et notamment dans les villes et villages d'Ahmici, Nadioci, Pirici,

Vitez, Stari Vitez, Donja Veceriska, Gacice, Loncari, Grbavica, Behrici, Kazagici, Svinjarevo, Gomionica, Gromiljak, Polje Visnjica, Rotilj, Hercezi et Tulica, un crime contre l'humanité pour persécutions contre les civils musulmans de Bosnie par :

– des attaques contre des villes et des villages ;

– des meurtres et des atteintes graves à l'intégrité physique ;

– la destruction et le pillage de biens, et en particulier d'édifices consacrés à la religion ou à l'enseignement ;

– des traitements cruels ou inhumains à l'égard de civils, et notamment leur prise en otage et leur utilisation comme boucliers humains ;

– le transfert forcé de civils ;

et, par ces mêmes faits, s'agissant notamment d'un conflit armé international, le général Blaskic a commis :

– une violation des lois ou coutumes de la guerre sanctionnée par l'article 3 du Statut et reconnue par l'article 51 2) du Protocole additionnel I : attaques illégales contre des civils ;

– une violation des lois ou coutumes de la guerre sanctionnée par l'article 3 du Statut et reconnue par l'article 52 1) du Protocole additionnel I : attaques illégales contre des biens de caractère civil ;

– une infraction grave, sanctionnée par l'article 2 a) du Statut : homicide intentionnel ;

– une violation des lois ou coutumes de la guerre, sanctionnée par l'article 3 et reconnue par l'article 3 1) a) des Conventions de Genève : meurtre ;

– un crime contre l'humanité, sanctionné par l'article 5 a) du Statut : assassinat ;

– une infraction grave, sanctionnée par l'article 2 c) du Statut : fait de causer intentionnellement de grandes souffrances ou de porter des atteintes graves à l'intégrité physique ou à la santé ;

– une violation des lois ou coutumes de la guerre, sanctionnée par l'article 3 et reconnue par l'article 3 1) a) des Conventions de Genève : atteintes portées à la vie et à l'intégrité corporelle ;

– un crime contre l'humanité, sanctionné par l'article 5 i) du Statut : actes inhumains ; [...]

– une violation des lois ou coutumes de la guerre, sanctionnée par l'article 3 e) du statut : pillage de biens publics ou privés ;

– une violation des lois ou coutumes de la guerre, sanctionnée par l'article 3 d) du statut : destruction ou endommagement délibéré d'édifices consacrés à la religion ou à l'enseignement ; [...]

– une violation des lois ou coutumes de la guerre, sanctionnée par l'article 3 du Statut et reconnue par l'article 3 1) b) des Conventions de Genève : prise d'otages ; [...]

En tout état de cause, il a, en tant que supérieur hiérarchique, omis de prendre les mesures nécessaires et raisonnables qui auraient permis d'empêcher que ces crimes soient commis ou d'en punir les auteurs.

NON COUPABLE des chefs 3 et 4 pour ce qui est des faits de bombardement de la ville de Zenica et, en conséquence,

CONDAMNE Tihomir Blaskic à la peine de quarante-cinq années d'emprisonnement ; DIT que la durée de sa détention pour le Tribunal, à savoir la période de temps courant depuis le 1er avril 1996 jusqu'à la date du présent jugement, sera déduite de la durée totale de la peine.

Fait en français et en anglais, la version française faisant foi,

le 3 mars 2000,

à La Haye,

Pays-Bas.

DISPOSITIF

Par ces motifs,

LA CHAMBRE D'APPEL,

EN APPLICATION de l'article 25 du Statut et des articles 117 et 118 du Règlement,

VU les écritures respectives des parties et leurs exposés aux audiences des 16 et 17 décembre 2003,

SIÉGEANT en audience publique,

[...]

CONDAMNE l'appelant à une peine de 9 (neuf) années d'emprisonnement à compter de ce jour, le temps déjà passé en détention, soit du 1er avril 1996 à cc jour, étant à déduire de la durée totale de celle-ci, en application de l'article 101 C) du Règlement,

ORDONNE, en application des articles 103 C) et 107 du Règlement, que l'appelant reste sous la garde du Tribunal international jusqu'à ce que soient arrêtées les dispositions nécessaires pour son transfert vers l'État dans lequel il purgera sa peine.

Fait en anglais et en français, la version en anglais faisant foi.

PROCÈS DE WILLIAM JEFFERSON CLINTON, LE 7 JANVIER 1999

Emmanuel Adely

1/ PROLÉGOMÈNES

(-2) Ça commence toujours avant que ça commence toujours il y a quelque chose avant que ça commence et quelque chose encore avant que commence ce qui est et quelque chose aussi encore avant que commence ce qui est avant donc ça a commencé avant que ça a commencé toujours ça a déjà commencé avant le commencement qui ne commencera que plus tard à un moment il faut que ça commence et donc si il faut commencer là dans cette histoire-là ça peut commencer ici dans un hôtel dans une suite de l'hôtel Excelsior c'est à Little Rock aux États-Unis d'Amérique c'est en **mai 1991** et il y a une fille de 24 ans qui entre dans cette suite de l'hôtel Excelsior elle est accompagnée par un garde du corps qui attend à l'extérieur devant la porte de cette suite d'hôtel dans laquelle un homme de 44 ans face à la fille de 24 ans essaie de l'embrasser et il baisse son pantalon et il baisse son slip et il bande devant la fille et il lui demande de le sucer ça commence comme ça avant que ça commence vraiment ça commence avant que ça commence avec ce type de 44 ans qui est debout son pantalon et son slip aux chevilles et qui bande devant une fille de 24 ans à qui il demande de le sucer et elle dit non et donc elle part et il ne fait aucun geste pour la retenir et sans doute il remonte son slip et son pantalon il ne reste pas là queue tendue au beau milieu du salon vide sans doute non.

(-1) Ça continue de commencer c'est-à-dire de commencer avant le commencement de cette histoire on peut continuer de commencer à un autre moment mais toujours aux États-Unis d'Amérique avec le même homme et ça commencerait là ça commencerait en **novembre 1993** alors que ce même homme qui s'appelle William Jefferson Blythe III a 47 ans et désormais un emploi extrêmement important puisqu'il est le 42e président des États-Unis d'Amérique depuis près d'un an c'est l'emploi le plus prestigieux du monde évidemment et William Jefferson Blythe III qui se fait appeler William Jefferson Clinton depuis ses 15 ans lorsqu'il a repris le nom de son beau-père alcoolique qui battait sa mère reçoit dans le Bureau ovale une bénévole de 47 ans du nom de Kathleen Willey qu'il enlace et embrasse et dont il caresse les seins et dont il saisit la main pour la poser sur sa queue tendue et Kathleen Willey ne semble pas absolument choquée puisqu'elle lui écrit ensuite des lettres amicales et paraît vouloir poursuivre ces attouchements ce qui n'est évidemment là en l'espèce absolument qu'un commencement.

(-2') Ça se poursuit sans que ce soit formellement commencé mais cependant d'une certaine façon c'est commencé en tous les cas le premier rouage de cette histoire est maintenant actionné et ça se poursuit donc en **mai 1994** lorsque la fille de 24 ans qui en a maintenant 28 et qui s'appelle Paula Jones excédée de trouver son nom dans un article rendant compte des relations sexuelles supposées de William J. Clinton intente un procès pour harcèlement sexuel contre William J. Clinton mais ce procès va être ralenti par la défense du 42e président des États-Unis d'Amérique qui argue qu'il ne pourra avoir lieu que lorsqu'il ne sera plus en fonction parce que sa fonction est extrêmement importante la fonction la plus importante du monde et qu'il ne peut perdre de temps dans un procès privé qui débutera cependant en 1997 après qu'autre chose c'est-à-dire une autre voie d'accès à cette histoire aussi aura été ouverte.

(0) Ça bifurque l'histoire bifurque mais c'est aussi un commencement de la même histoire en **mai 1995** c'est la même et ça n'est pas la même mais c'est aussi la même histoire lorsque Gennifer Flowers qui a quatre ans de moins que William J. Clinton publie un livre intitulé *Passion et Trahison* immédiatement tiré à 50 000 exemplaires et dans lequel elle déclare avoir entretenu pendant douze ans une liaison avec William J. Clinton avant qu'il soit élu 42e président des États-Unis d'Amérique et dans lequel elle déclare « La première fois qu'il a éjaculé pendant une fellation j'ai été déconcertée mais Bill m'a caressée après » et dans lequel elle déclare « Il ne pense qu'au sexe et il m'a souvent confié que même en faisant ses discours il bandait » et dans lequel elle déclare que selon lui « Hillary a(urait) probablement bouffé plus de chattes que (lui) » ce qui est là encore une autre voie d'accès à l'histoire c'est-à-dire une sorte d'ultime introduction à l'histoire qui va maintenant pouvoir pleinement s'épanouir.

(1) Car on peut penser que réellement c'est là que ça commence qu'en tous les cas il se passe quelque chose le **mercredi 15 novembre 1995** à la Maison-Blanche où il y a une fête pour l'anniversaire du chef du bureau du personnel de la Maison-Blanche et tout le personnel de la Maison-Blanche est présent et naturellement William J. Clinton qui est le 42e président des États-Unis d'Amérique depuis près de trois ans aussi est présent et Monica Lewinsky une ex-stagiaire de 22 ans maintenant employée est présente aussi et elle s'approche de William J. Clinton et soulève son chemisier et elle lui montre le haut de son string et cela suffit à ce que William

J. Clinton l'invite dans son bureau privé et ils s'embrassent et il téléphone à un membre du Congrès et elle s'agenouille et elle le suce pendant qu'il téléphone cependant sans avaler car il ne veut pas éjaculer alors elle lui dit qu'elle veut aller « jusqu'au bout » et il lui répond qu'il doit d'abord lui faire confiance et donc à la fois il se passe quelque chose et il ne se passe rien mais quelque chose est donc bel et bien entamé.

(2) Ce quelque chose entamé se poursuit le **vendredi 17 novembre 1995** c'est-à-dire deux jours plus tard et toujours à la Maison-Blanche lorsque William J. Clinton téléphone cette fois à un membre républicain de la Chambre des représentants et que Monica Lewinsky s'agenouille et qu'elle le suce à nouveau pendant qu'il téléphone cependant toujours sans avaler car il ne veut toujours pas éjaculer on ne peut pas affirmer que quelque chose réellement se passe et cependant quelque chose se poursuit déjà sans avoir commencé et se faire sucer sans jouir constitue-t-il une relation sexuelle la question sera bientôt centrale lorsque plus tard ce sera vraiment commencé mais plus tard.

(2') *À la Maison-Blanche le lundi 20 novembre 1995 Monica Lewinsky offre une première cravate à William J. Clinton et ainsi lorsque William J. Clinton portera une de ces cravates elle lui dira « J'aime bien quand tu mets une de mes cravates car je sais que je suis près de ton cœur » et William J. Clinton lui dira souvent « As-tu remarqué que je portais ta cravate l'autre jour ? » et cela leur fera plaisir à tous les deux.*

(3) Il y a une unité de lieu sinon de temps puisque tout se passe à la Maison-Blanche c'est aussi plus pratique pour William J. Clinton et c'est le réveillon du Nouvel An le **dimanche 31 décembre 1995** et Monica Lewinsky s'approche de William J. Clinton qu'elle n'a pas vu depuis un mois et demi elle lui rappelle son nom parce qu'elle pense

que le 42e président des États-Unis d'Amérique a peut-être oublié son nom et peut-être même l'a-t-il oubliée elle aussi parce qu'en définitive il n'a pas joui ça la rend malade mais William J. Clinton ne l'a pas oubliée il l'emmène dans sa salle à manger privée et elle s'agenouille et le suce et il ne jouit toujours pas et donc quelque chose se continue qui est de l'ordre de quelque chose plutôt que rien mais à peine.

(4) Une semaine plus tard le **dimanche 7 janvier 1996** toujours à la Maison-Blanche William J. Clinton qui travaille donc le dimanche et qui n'a pas oublié Monica Lewinsky l'invite dans le Bureau ovale avant de l'entraîner dans sa salle de bains privée où elle s'agenouille et le suce et il ne jouit toujours pas et quelque chose oui quelque chose se poursuit mais quoi.

(5) Le **dimanche 21 janvier 1996** c'est quinze jours plus tard c'est-à-dire exactement quatorze mais traditionnellement on arrondit à quinze et c'est toujours à la Maison-Blanche que William J. Clinton croise Monica Lewinsky près d'un ascenseur et l'invite dans le Bureau ovale où tandis qu'elle est au beau milieu d'une phrase il lui arrache sa culotte et touche ce qu'en langage juridique on appelle ses parties génitales à la façon dont on dit fellation pour une pipe et c'est à cette occasion que William J. Clinton insère un cigare dans le vagin de Monica Lewinsky avant de le porter à sa bouche et de déclarer « Hmm ça a bon goût ».

(6) **Le dimanche 4 février 1996** c'est-à-dire quatorze jours plus tard et il est à remarquer que s'il n'y a pas d'unité de temps il y a unité de dates puisque ce sera le quatrième dimanche à la suite qu'ils se rencontreront toujours à la Maison-Blanche parce que sans doute le dimanche est un jour terne même pour un président des États-Unis d'Amérique William J. Clinton appelle Monica Lewinsky dans le

Bureau ovale où ils ont ce qu'en langage juridique on appelle une relation sexuelle sans pénétration ni éjaculation ce qui correspond aux attouchements dont sont friands les adolescents états-uniens la nuit dans des Buicks à boîte de vitesses automatique devant un cinéma en plein air.

(6') *Le lundi 19 février 1996 c'est-à-dire cette fois-ci exactement quinze jours plus tard et toujours à la Maison-Blanche William J. Clinton invite Monica Lewinsky dans le Bureau ovale où il lui explique que ce quelque chose qui se passe entre eux le met mal à l'aise et que donc il y met fin.*

(7) Mais **le dimanche 31 mars 1996** encore un dimanche terne à la Maison-Blanche et donc une cinquième fois un dimanche William J. Clinton invite Monica Lewinsky dans le Bureau ovale où ils ont ce qu'en langage juridique on appelle une relation sexuelle sans pénétration et sans bavardage cette fois-ci puisqu'ils ont rompu.

(7') *Or le vendredi 5 avril 1996 Monica Lewinsky est mutée au Pentagone par ses supérieurs après qu'on commence à jaser sur sa présence par trop fréquente dans l'aile ouest de la Maison-Blanche où travaille William J. Clinton même le dimanche.*

(8) D'ailleurs le **dimanche 7 avril 1996** c'est-à-dire une semaine après leur relation sexuelle sans pénétration et encore une fois mais pour la dernière fois un dimanche à la Maison-Blanche qui est le dimanche de Pâques un peu plus animé qu'un dimanche normalement terne Monica Lewinsky profite de la traditionnelle chasse aux œufs pour rejoindre et annoncer au 42e président des États-Unis d'Amérique qu'elle a été mutée et le 42e président des États-Unis d'Amérique lui promet de la faire réintégrer après sa réélection avant de téléphoner du Bureau ovale à un journaliste politique tandis que Monica Lewinsky s'agenouille et qu'elle le suce mais il n'y a toujours pas d'éjaculation présidentielle.

(9) Le **vendredi 28 février 1997** et toujours à la Maison-Blanche puisque William J. Clinton a été réélu quelques mois plus tôt mais cela fait près d'un an que rien n'est advenu entre Monica Lewinsky qui travaille au Pentagone et William J. Clinton qui travaille à la Maison-Blanche les vendredis aussi il se trouve qu'il retrouve Monica Lewinsky une quinzaine de minutes durant lesquelles ils s'étreignent et qu'il lui déclare qu'il ne veut pas « s'accoutumer à elle comme à une drogue ni qu'elle s'attache à lui » puis ils ont une relation sexuelle avec éjaculation enfin avec éjaculation il doit avoir enfin confiance en elle puisqu'enfin il y a éjaculation oui éjaculation et éjaculation certaine puisque Monica Lewinsky porte ce jour-là une robe bleue sur laquelle seront retrouvées des traces du sperme présidentiel et il lui offre une épinglette et un livre.

(10) Le **samedi 29 mars 1997** et toujours à la Maison-Blanche Monica Lewinsky retrouve William J. Clinton dans son bureau privé où ils ont une relation sexuelle sans pénétration mais durant laquelle il se passe encore quelque chose puisqu'il y a une nouvelle éjaculation de William J. Clinton qui se lâche depuis un mois il se lâche il a donc enfin confiance en Monica Lewinsky qui peut donc enfin avaler pour la seconde fois le sperme présidentiel et sans doute en totalité puisqu'il n'y aura pas de débordement.

(10') *Mais le 24 mai 1997 William J. Clinton déclare à Monica Lewinsky qu'il met fin à ce qui peut maintenant être considéré comme une histoire et elle lui écrit un mois et demi plus tard pour lui reprocher de ne pas l'avoir aidée à retrouver son poste et sous-entend qu'elle va devoir expliquer à ses parents la raison de cet échec aussi le lendemain la reçoit-il pour lui reprocher d'ainsi le menacer indirectement et dix jours plus tard ils se retrouvent pour aborder le problème d'une collègue et amie de Monica Lewinsky une certaine Linda Tripp à laquelle Monica se confie en lui racontant qu'elle a été « mise au piquet » par ce « grand salaud » tout en affirmant évidemment qu'elle ne se confie à personne et le 24 juillet le 42ᵉ président des États-Unis d'Amérique reçoit à nouveau Monica Lewinsky et lui offre une épinglette pour son anniversaire et le 16 août Monica Lewinsky offre quelques cadeaux d'anniversaire à William J. Clinton qu'elle embrasse et qu'elle veut sucer mais il la repousse et quelques jours plus tard à son tour il lui fait envoyer quelques cadeaux tandis qu'à partir de la fin septembre Linda Tripp enregistre discrètement ses conversations avec Monica Lewinsky qui est toujours furieuse d'avoir été « mise au piquet » et qui demande au « grand salaud » de l'aider à trouver un emploi à l'ONU ou dans une entreprise privée et le « grand salaud » fait en sorte de lui obtenir des rendez-vous à la fois à l'ONU et auprès de grandes entreprises privées et il lui téléphone pour l'avertir que les choses avancent mais elle trouve que ce n'est pas assez rapide et elle se plaint qu'il n'en fait pas assez et ils se disputent mais le 13 novembre ils se retrouvent dans le bureau privé de William J. Clinton et ils s'embrassent rapidement onze jours avant que l'avocat de Paula Jones n'assigne Linda Tripp dans le procès contre William J. Clinton puis Monica Lewinsky à son tour comme témoin potentiel et le 42ᵉ président des États-Unis d'Amérique et Monica Lewinsky se disputent encore début décembre et il lui dit exaspéré que « personne ne l'a jamais traité aussi mal » mais le 28 décembre dans le Bureau ovale il lui offre une peluche.*

II/ GOD BLESS AMERICA

Acte 1 : Paula Jones vs William J. Clinton

Scène 1 – Après que **le mercredi 7 janvier 1998,** Monica Lewinsky est contrainte de témoigner sous serment dans le procès que Paula Jones intente depuis presque quatre ans à William J. Clinton qu'elle accuse de harcèlement sexuel ;

Après qu'à la demande des avocats de Paula Jones qui veulent établir que William J. Clinton est coutumier du fait et dans ce but exigent plusieurs témoignages dont celui de Monica Lewinsky, Monica Lewinsky affirme qu'elle n'a « jamais eu de relation sexuelle avec le président » ;

Après qu'on observe ainsi qu'elle a menti et qu'elle a menti sous serment.

Scène 2 – Après que **le lundi 12 janvier 1998**, parallèlement à l'affaire Paula Jones et sans aucun lien avec l'affaire Paula Jones, le procureur Kenneth W. Starr reçoit la visite de Linda Tripp qui lui confie les cassettes de ses conversations avec son « amie » Monica Lewinsky (le procureur Kenneth W. Starr est un procureur indépendant qui enquête sur un scandale immobilier et le suicide d'un conseiller de la Maison-Blanche dans lesquels les Clinton seraient impliqués) (le procureur Kenneth W. Starr est un procureur intransigeant qui déteste les Clinton) (depuis des années le procureur Kenneth W. Starr poursuit les Clinton de sa vindicte personnelle) ;

Après qu'à la demande du procureur Starr, Linda Tripp rencontre Monica Lewinsky le **mardi 13 janvier 1998** pour boire un verre dans un hôtel, et qu'équipée d'un micro dissimulé elle enregistre leur conversation ;

Après que le procureur Starr demande le **jeudi 15 janvier** au ministère de la Justice l'autorisation d'enquêter sur les déclarations de Monica Lewinsky ;

Après que le ministère de la Justice lui accorde cette autorisation le lendemain ;

Après que le procureur Starr organise une nouvelle rencontre entre Linda Tripp (dont Monica Lewinsky dira bientôt « Je déteste Linda Tripp ») et Monica Lewinsky dans le même hôtel où des agents du FBI confrontent Monica Lewinsky à ses enregistrements et lui proposent l'immunité si elle coopère.

Scène 3 – Après que **le samedi 17 janvier 1998** William J. Clinton est entendu dans l'affaire Paula Jones en circuit vidéo fermé ;

Après qu'à la question « Avez-vous eu des relations sexuelles avec Gennifer Flowers ? » (cf. point 0) le 42e président des États-Unis d'Amérique répond « Si par relations sexuelles vous entendez ce que la Cour a défini comme tel, ma réponse est oui », les relations sexuelles étant définies par la Cour comme « tout contact entre une personne et les organes génitaux, l'anus, l'aine, l'intérieur des cuisses, les seins, ou les fesses d'une autre personne avec une intention de provoquer ou de satisfaire le désir sexuel de cette autre personne ; tout contact entre une partie du corps d'une personne, ou un objet, et les organes génitaux ou l'anus d'une autre personne ; tout contact entre les organes génitaux ou l'anus d'une personne et n'importe quelle partie du corps d'une autre personne ; le terme "contact" signifiant un attouchement intentionnel soit directement, soit à travers les vêtements » ;

Après qu'à la question « Avez-vous eu une relation sexuelle extraconjugale avec Monica Lewinsky ? » le 42e président des États-Unis d'Amérique répond « Non » ;

Après qu'à la question « Avez-vous eu des rapports sexuels avec Monica Lewinsky tels que définis par la Cour ? » le 42e président des États-Unis d'Amérique répond « Je n'ai jamais eu de relation sexuelle avec Monica Lewinsky, je n'ai jamais eu de liaison avec elle » ;

Après qu'on observe ainsi que le 42e président des États-Unis d'Amérique a menti et qu'il a menti sous serment mais en même temps qu'il n'a pas menti puisque pratiquement il ne s'est agi que de fellations et tout dépendra donc de la façon dont on considère la fellation une fellation est-elle un rapport sexuel ou n'est-elle pas un rapport sexuel that is the question.

Scène 4 – Après que **le mercredi 21 janvier 1998**, lors d'une interview, le journaliste Jim Lehrer demande au 42e président des États-Unis d'Amérique si celui-ci a encouragé Monica Lewinsky à mentir sous serment, et que le 42e président des États-Unis d'Amérique déclare qu'il n'a demandé à personne de dire autre chose que la vérité, et qu'il n'y a pas de relation sexuelle inappropriée ;

Après que Jim Lehrer demande au 42e président des États-Unis d'Amérique ce qu'il entend par « relation sexuelle inappropriée » et que le 42e président des États-Unis d'Amérique répond « Eh bien je pense que vous savez ce que ça veut dire, ça veut dire qu'il n'y a pas de relation sexuelle, de relation sexuelle inappropriée, ni aucune sorte de relation incorrecte » (« *... It means that there is not a sexual relationship...* ») ;

Après que Jim Lehrer insiste en demandant « Vous n'avez pas eu de relation sexuelle avec cette jeune femme ? » et que le 42e président des États-Unis d'Amérique répète « Il n'y a pas de relation sexuelle, c'est exact » (« *There is not a sexual relationship, that is accurate* »), utilisant une fois encore le présent de l'indicatif qui peut être en l'espèce ou bien un présent immédiat, ou bien un présent permanent, et cela n'est pas qu'une question stylistique.

Scène 5 – Après que **le lundi 26 janvier 1998**, lors d'une conférence de presse à la Maison-Blanche, William J. Clinton déclare « Je veux dire une chose au peuple américain, je veux que vous m'écoutiez, je vais le dire encore une fois, je n'ai pas eu de relations sexuelles avec cette femme, Mlle Lewinsky, je n'ai jamais dit à qui que ce soit de mentir, pas une seule fois, jamais, ces déclarations sont fausses, et je dois retourner travailler pour le peuple américain », utilisant pour évoquer sa relation avec Monica Lewinsky un prétérit plus difficilement justifiable sauf à considérer qu'une pipe ne constitue pas une relation sexuelle.

Scène 6 – Eh bien **le mercredi 1er avril 1998**, le procès pour harcèlement sexuel intenté par Paula Jones contre le 42e président des États-Unis d'Amérique est annulé sur décision de la juge chargée de l'affaire, Susan Webber Wright, qui considère qu'elle n'a pas matière à juger sur le fond la plainte déposée par Paula Jones qui avait déclaré avoir subi, à la suite des faits, des dommages psychologiques durables. La juge estime que les avocats de la plaignante « ont échoué à prouver qu'elle avait subi un dommage suffisamment sérieux pour être soumis à un jury ».

« Nous sommes déçus, bien sûr », déclare un des avocats, ajoutant que « lorsqu'on fait un procès à l'homme le plus puissant du monde, on s'attend à ce que ce soit difficile ». Ainsi se clôt l'acte 1, comme un ballon qui se dégonfle.

La nouvelle est cependant tellement inattendue que d'après le porte-parole de la Maison-Blanche, le 42e président des États-Unis d'Amérique croit un moment à un poisson d'avril.

ACTE 2 : KENNETH W. STARR VS WILLIAM J. CLINTON

Scène 1 – Après que **le jeudi 28 mai 1998** le procureur Starr (cf. acte 1, scène 2) saisit la Cour suprême des États-

Unis d'Amérique pour qu'elle tranche la question du privilège de l'exécutif à empêcher les fonctionnaires de la Maison-Blanche de témoigner devant un grand jury fédéral dans le cadre d'une enquête sur de possibles crimes fédéraux commis dans le cadre d'une affaire civile privée, ce qui est une procédure absolument états-unienne et difficilement compréhensible en dehors des États-Unis d'Amérique, mais qui fait rebondir et bifurquer l'histoire ;

Après que **le mardi 30 juin 1998** Linda Tripp comparaît devant le grand jury et que son avocat indique qu'elle a trouvé très facile de répondre avec honnêteté tandis que, selon des sondages, neuf États-Uniens sur dix avouent détester Linda Tripp, eux aussi, la soupçonnant de vouloir se servir de cette histoire pour écrire un livre et gagner de l'argent (ce qui n'est absolument pas dans les habitudes autochtones) ;

Après que **le lundi 27 juillet 1998** Monica Lewinsky est interrogée par le bureau du procureur et que le lendemain elle négocie son immunité judiciaire avec le procureur Starr en échange de son témoignage sur la nature exacte de ses relations avec William J. Clinton, le procureur la menaçant de prison pour parjure si elle refuse.

Scène 2 – Après que **le lundi 3 août 1998** William J. Clinton est contraint de donner un échantillon de son sang afin de comparer son ADN à celui des taches de sperme présentes sur la robe bleue de Monica Lewinsky, et que le 42e président des États-Unis d'Amérique sait donc qu'il va être obligé de modifier sa ligne de défense bien qu'on puisse convenir qu'une éjaculation peut évidemment advenir sans rapport sexuel.

Scène 3 – Après que **le jeudi 6 août 1998** Monica Lewinsky témoigne devant le grand jury, et que, protégée par son immunité qui lui permet de revenir sur son premier témoignage et d'éviter la prison, elle reconnaît avoir eu des relations indubitablement sexuelles avec le 42e président des États-Unis d'Amérique;

Et après qu'elle remet aux enquêteurs la fameuse robe bleue tachée dont elle avait parlé à son « amie » Linda Tripp qu'elle déteste maintenant et qu'elle voulait apporter au pressing mais que son « amie » Linda Tripp qu'elle déteste maintenant lui avait conseillé de conserver telle quelle, en relique, puisqu'elle la portait lors de sa pénultième rencontre qui est aussi la première au cours de laquelle le 42e président des États-Unis d'Amérique avait éjaculé puisqu'il lui faisait enfin confiance, et donc à tort.

Scène 4 – Après que **le lundi 17 août 1998** les gardes du corps de William J. Clinton témoignent devant le grand jury, la Cour suprême ayant estimé que le gouvernement n'a pas réussi à prouver que leur témoignage pourrait causer un dommage irréparable à la relation de confiance entre le président et les services secrets (cf. acte 2, scène 1);

Après que le même jour le 42e président des États-Unis d'Amérique est contraint de témoigner à son tour devant le grand jury;

Après que William J. Clinton reconnaît des « contacts intimes et inappropriés » avec Monica Lewinsky;

Après qu'il insiste cependant sur le fait que sa déposition de janvier reste exacte (cf. acte 1, scène 3) mais qu'il refuse de répondre aux questions sur la nature précise de ses contacts intimes avec Monica Lewinsky;

Après qu'il affirme également qu'aucun de ses contacts sexuels avec Mlle Lewinsky ne constitue « une relation sexuelle » selon la définition utilisée dans l'affaire Paula

Jones (cf. encore acte 1, scène 3), et qu'il assure qu'il ne peut y avoir de relations sexuelles sans rapport sexuel, quoi qu'on ait pu dire concernant d'autres activités sexuelles, et qu'il remarque que « l'Américain de la rue » ferait la même distinction ;

Après qu'il souligne que « toute personne raisonnable » reconnaîtrait qu'une fellation n'entre pas dans cette définition ;

Après avoir nié avoir commis un parjure car la définition légale de sexe oral est uniquement un rapport sexuel oral mutuel ;

Après avoir déclaré que certains actes ayant été faits « sur » lui et non « par » lui, il ne s'était donc pas engagé dans des rapports sexuels puisqu'il s'agissait là de « sexe passif » ;

Après qu'interrogé sur ses affirmations de janvier (cf. acte 1, scène 4) dans lesquelles il affirmait « Il n'y a pas de relation sexuelle », il ouvre enfin un débat grammatical de fond : « Si "il y a" signifie qu'il y a et qu'il n'y a jamais eu, c'est une chose, si cela signifie qu'"il n'y a pas" actuellement, c'était une déclaration totalement vraie. Si quelqu'un m'avait demandé ce jour-là si j'étais en train d'avoir des relations sexuelles, de quelque type que ce soit, avec Mlle Lewinsky, c'est-à-dire, si on m'avait posé la question au temps présent, j'aurais dit non. Et cela aurait été une déclaration totalement vraie », affirme-t-il devant le grand jury abasourdi, concluant ainsi la célèbre argumentation Clinton d'un : « Cela dépend de ce qu'il y a dans il y a » (« *It depends on what the meaning of the word "is" is* »).

Scène 5 – Après que trois heures après son témoignage devant le grand jury, William J. Clinton s'adresse à la nation et reconnaît avoir eu une « relation inconvenante » avec Monica

Lewinsky, et donc avoir menti, oui, menti, ce qui aux États-Unis d'Amérique ne fait pas rire du tout et d'autant moins que ce n'est pas la première fois qu'il est surpris en flagrant délit de mensonge, puisqu'ayant déclaré avoir fumé un pétard durant ses études il avait affirmé n'avoir pas avalé la fumée ;

Après qu'il admet que « Cela constitue une très grave erreur de jugement... J'ai trompé les gens, y compris ma femme » ;

Mais après qu'il conclut son intervention par un « Maintenant, c'est une question qui est entre moi, les deux personnes que j'aime le plus – ma femme et notre fille –, et notre Dieu », ce qui balaie tout jugement extérieur parce qu'aux États-Unis d'Amérique, Dieu, ça c'est important.

Scène 6 – Après que **le jeudi 20 août 1998** Monica Lewinsky témoigne une deuxième fois sous serment devant le grand jury, mais, vexée par le fait que William J. Clinton a minimisé leur liaison, elle le contredit en affirmant que leurs relations sont allées plus loin que de simples fellations ;

Après qu'elle affirme qu'il lui a bien touché les seins et ce qu'en langage juridique on appelle les parties génitales, cette conduite entrant dans la définition des relations sexuelles établies par la jurisprudence Paula Jones, et que là, donc, il se confirme que le 42e président des États-Unis d'Amérique a menti, oui il a menti, ce qui aux États-Unis d'Amérique ne fait pas rire du tout mais vraiment pas du tout et toute l'affaire bifurque là toute l'affaire bifurque.

ACTE 3 : UNITED STATES OF AMERICA VS WILLIAM J. CLINTON

Scène 1 – **Le mercredi 9 septembre 1998**, le procureur Starr (qui déteste les Clinton) rend son rapport au Congrès et affirme que les actes commis par William J. Clinton sont incompatibles avec son devoir constitutionnel. Onze motifs particulièrement graves sont susceptibles d'entraîner sa destitution :

1/ **Le président Clinton a menti** ; 2/ **Le président Clinton a menti** ; 3/ **Le président Clinton a également menti** ; 4/ **Le président Clinton a menti** ; 5/ **Le président a entravé la justice** ; 6/ **Le président a entravé la justice** : (a) **le président et Mme Lewinsky se sont entendus pour mentir** ; et (e) **le président a menti** ; 7/ **Le président Clinton a cherché à entraver la justice** ; 8/ **Le président Clinton a menti** ; 9/ **Le président a tenté de suborner un témoin** ; 10/ **Le président Clinton a cherché à entraver la justice en mentant** ; 11/ **Le président Clinton a abusé de son autorité constitutionnelle** (a) **en mentant** ; (e) **en mentant** ; et (f) **en mentant de nouveau.**

Et mentir, aux États-Unis d'Amérique, décidément ce n'est absolument pas acceptable.

Scène 2 – **Le jeudi 19 novembre 1998**, l'enquête parlementaire sur la destitution du 42e président des États-Unis d'Amérique s'ouvre devant la Chambre des représentants. Le procureur Starr déclare « Je suis fier de ce que nous avons accompli ». Il déclare « Nous comparaissons devant les tribunaux, pas à la télé » tandis que son témoignage est retransmis en direct sur toutes les chaînes de télévision du pays. Il se dit motivé par sa « foi absolue dans notre système de justice et son caractère sacré, oui sacré, que proclame la devise : Justice égale pour tous selon la loi ». Il énumère « les faits tendent à prouver que le président a utilisé à plusieurs reprises les pouvoirs du gouvernement et de sa fonction pour dissimuler sa relation avec Monica Lewinsky », il déclare « qu'il a choisi de mentir à la justice » pour ce faire, il déclare que de ce fait il a « violé le serment sacré qu'il a prêté en tant que président d'être garant de l'application de la loi ». Il déclare « Personne n'est au-dessus des lois ». Etc.

Scène 3 – **Le samedi 19 décembre 1998**, la Chambre des représentants à majorité républicaine se prononce à 228 voix contre 205 en faveur de la destitution du 42e président des États-Unis d'Amérique.

Scène 4 – **Le jeudi 14 janvier 1999**, le procès en destitution du 42e président des États-Unis d'Amérique s'ouvre devant le Sénat transformé en « tribunal de l'*impeachment* ». Les « procureurs » de la Chambre des représentants y exposent les accusations de « parjure » et d'« obstruction à la justice » portées contre lui devant les cent sénateurs qui doivent le juger.

Scène 5 – **Le mardi 19 janvier 1999**, le Sénat demande la convocation de trois témoins. Seuls les 55 sénateurs républicains et un sénateur démocrate votent en faveur de cette convocation, les 44 autres sénateurs démocrates votant contre. Cette majorité éclaire un aspect particulier de la procédure de destitution : ne pouvant être adoptée qu'à la majorité des deux tiers, il n'est pas certain qu'elle atteigne ce seuil.

Plusieurs sénateurs républicains, craignant qu'un échec de la procédure de destitution soit interprété comme une victoire de la Maison-Blanche, privilégient alors l'option de la motion de censure qui ne nécessite qu'une majorité absolue.

Scène 6 – Le vendredi 5 février 1999, William J. Clinton est acquitté du premier chef d'accusation de parjure avec une majorité absolue de 54 voix contre 45, et une abstention. Le deuxième scrutin portant sur l'accusation d'entrave à la justice se solde par un verdict nul de 50 contre 50. Il aurait fallu 67 voix pour l'un ou l'autre des articles pour démettre le président de ses fonctions. Le procès en destitution de William J. Clinton prend fin.

III/ PROLEPSES

(1) Après l'acquittement, un sondage révélera que **64 %** des États-Uniens étaient satisfaits du maintien du président à la Maison-Blanche.

(2) Un théologien, ami d'enfance de l'ancien président, déclarera que la foi baptiste de celui-ci l'assurait de son salut quels que soient ses péchés et le renforçait dans la conviction qu'il n'avait pas menti, ajoutant : « La règle de base durant notre jeunesse était que rien ne compte **tant qu'il n'y a pas pénétration ou éjaculation**. »

(3) En 2015, un musée de Las Vegas proposera **un million de dollars** pour la robe bleue tachée de sperme présidentiel.

That's all, Folks.

PROCÈS ÉPARGNÉ AU LION PRINCE, 2001

Claro

0.

« Le Muséum d'Histoire naturelle était poursuivi hier en correctionnelle pour homicide involontaire, en tant que personne morale exploitant le zoo de Vincennes. Le 24 septembre 2001, Philippe Bourlon s'y est fait dévorer par un lion. [...] La procureure demande une peine d'amende contre le Muséum, "pour secouer l'administration : il a fallu un mort pour que les choses commencent à bouger" en matière de sécurité. Maître Jacques Bues, avocat du Muséum, [...] en appelle à saint Augustin, selon lequel il faut poursuivre les animaux, "non pas parce qu'ils ont la conscience du péché, mais seulement parce qu'ils en ravivent le souvenir". »
Libération, 19 novembre 2002

Le lion Prince, pour sa part, restera épargné par la justice. Il n'y a pourtant pas si longtemps que les animaux ne sont plus justiciables, et la question de l'animalité a toujours sa place au prétoire.

1.

Animalia bruta. Bêtes malfaisantes : quelles sont-elles ? Viennent-elles du ciel, en frissons de nuées puis en rêches cataractes ? S'abattant rongeant décimant ? Ou écartent-elles les pans des tentes au son du clairon avant de pester et s'élancer ? Ruminent-elles au fond des océans, grésillent-elles entre les pétales, creusent-elles des ombilics dans la vase ? Ou viennent-elles sonner aux portes, la nuit, n'importe quelle nuit, toutes les nuits ? Cachées dans une botte, le dard au garde-à-vous ? Ou assises à la tribune, la tabatière du menton posée sur des mains de bouchers ? Seules avec leurs rayures dans la cage de la jungle – ou lâchant ses dogues dès que s'emplit la rampe du camp ? Bêtes malfaisantes : on ignore encore à ce jour où sont passés les scorpions ailés de l'Apocalypse.

Si le mal est le démon, alors il peut élire le réceptacle qui lui sied : homme, femme, enfant, insecte, toute créature brute. Si Dieu est vengeur, alors il peut envoyer l'armée qu'il lui plaît : nuages de sauterelles, troupeaux impies, averses infinies. L'esprit malin, aux temps néoplatoniciens, fait escale dans les apparences. L'animal, une escale ? Esclave, escale : ce qu'on soumet sert d'hôte au mal.

Bête, brute : le b.a.-ba de la bêtise passe par ce bégaiement bâtard.

Égorge-t-on, ici et là ? Ô mes amis, voici venu le temps des lycanthropes.

2.

Attribuer à l'animal autre chose que son animalité indéfinissable, ce labeur est de tout temps et friand d'imaginaire. Ainsi le rémora – *echeneis remora* – minuscule poisson dont Pline nous assure qu'il possède la faculté de ralentir la course des vaisseaux, voire de les arrêter – contre vents et marées, logiques et sensations ? Écoutez : « Que les vents soufflent, que les tempêtes se déchaînent, [le rémora] commande à leur fureur, comprime ces agents formidables, et force les navires à rester immobiles. » L'animal, compresseur d'agents formidable. Et voilà l'animalcule soudain levier ;

le monde soudain rocher. Sur ce rocher nous habitons. Il tourne. Nous tournons. Qui nous aidera « en la machine ronde » ? Qui nous empêchera ?

3.

Longtemps le loup-garou fut en droit et mesure d'exister. Signe d'une alliance. Brouillage du partage des fautes. La métamorphose comme métaphore active du refus d'être ceci *ou* cela, nature ou culture, coupable ou innocent. Sous la lune, le hurlement. Les os s'étirent, les dents se courbent, l'œil s'affûte ; la conscience, elle, se fait vase, l'idée ne remue plus que comme un muscle. Qui en moi m'outrepasse ? Habités et contraints par des agents formidables, nous en venons vite aux mains, puis aux lois. « Au bout de douze jours, toute la troupe s'escarte, et chascun retourne en sa maison ayant despouillé la forme de loup et reprins celle d'homme. » Vite aux mains, puis aux lois. Quand s'achève le temps des métamorphoses, le tribunal a fort à faire.

4.

Allons, postulons que l'animal existe, et que nous le savons, l'écrivons. Prenons la puce, et prenons l'éléphant, puis inventons un sac où les confondre. Enfermons la langouste et la hyène dans une cage et postons-nous devant, de l'autre côté des barreaux, plus distincts d'elles que chacune à l'autre. Enchaînons le singe et le thon : tous deux animaux, non ? Plus ressemblants entre eux, donc, qu'avec ce *nous* que nous occupons ? C'est là le premier procès – tenu à huis clos – et le premier verdict : la Cour vous décrète coupable d'animalité, sans distinction d'écailles ni de poils. Est-ce à dire privé d'âme ? Non, l'âme, autrefois et sans doute encore aujourd'hui, reste un luxe, réservé aux nantis – les sauvages, et encore récemment les femmes et les enfants, ne pouvaient s'en parer. Le renard, l'abeille, le buffle, le scarabée, la vipère, le mammouth, le phasme, la licorne : tous embarqués à bord d'une seule arche. L'homme, en Linné solitaire, les classe. Animalité : affaire classée.

5.

De fait, peu importe qu'il existe entre le puceron et l'hippopotame autant de différences qu'entre une poussière et un paquebot. Tous deux font partie de ce qu'on nommera longtemps le « règne animal ». Étrange règne que celui à qui on dénie tous les droits ou presque. Ne règne en lui aucun prince, nul roi : tous sont sujets, et par conséquent objets. De même, fi de l'étymologie qui fait remonter le mot « animal » à celui, comme tronqué, de « anima » – l'âme animale est un tour de passe-passe. Avant même que les naturalistes du XVIIe siècle s'attaquent à la complexe classification du « règne » animal, l'homme de la campagne et l'homme de la rue – ces deux espèces complémentaires qu'aucun Darwin n'osera apparenter – ont tous deux procédé à une césure, en inventant la double caste suivante : les sauvages et les domestiqués.

6.

La domestication – variante animalière de l'esclavage et de la domination – n'a nul besoin de passer par l'hypothèse d'une âme pour contraindre l'animal à un compagnonnage constant. Elle se contente de mêler en un même asservissement l'idée du travail et celle de l'amitié. L'animal domestiqué, parce qu'obéissant, devient proche. Le chien, une fois en laisse, s'invente meilleur ami de l'homme. Le cheval, devenu de trait, mérite qu'on lui flatte l'encolure. Et qu'on l'abatte en cas de blessure irréparable, avec la dose de pitié et de tristesse requise. Mais domestiquer, c'est aussi instruire. Le mainate chante *La Marseillaise*. La puce saute d'un trapèze à l'autre. L'éléphant scande son arithmétique dans la poussière du cirque. À défaut d'âme, un supplément de servilité fera l'affaire. Apprivoise-t-on les sangsues ? On s'en sert, en tout cas. Il y a mille et une façons de reconnaître à l'animal une utilité, qui va du vison au labour. Or chaque asservissement – de l'extermination à l'humiliation – bénéficie d'une rhétorique distincte. C'est au sein de cet essaim rhétorique que se niche le discours juridique qui prend sur lui d'assigner les bêtes en justice.

7.

On estime qu'entre 1120 et 1741 eurent lieu 93 condamnations, en France, contre des animaux coupables d'homicides ou de dégâts. Ainsi, des chevaux, des taureaux sont suppliciés. Au XIVe siècle, une truie dévore le visage d'un enfant. Condamné, l'animal est pendu par les pattes arrière, son groin est mutilé, sur lequel on applique un masque de figure humaine – on l'affuble, en outre, de vêtements féminins. Avant, on conduit la truie dans une cellule – ses compagnons de cellule s'offusquent, évidemment. Les juges arrivent, escortés de sergents et de flambeaux. Le jugement est lu, intégralement. Mais deux autres instances sont également « condamnées » – en effet, pour les châtier de leur « négligence », on oblige les parents de l'enfant et le propriétaire du cochon à assister au supplice. Quant au bourreau, il sera payé « [...] la somme de dix sols et dix deniers tournois pour sa peine et salaire d'avoir traîné puis pendu à la justice de Falaize une truie de l'âge de trois ans ou environ, qui avoir mangé le visage de l'enfant de Jonnet le Maux, qui était au bers [dans son berceau] et avoir d'age trois mois environ, tellement que ledit enfant en mourut, et de dix deniers pour un gant neuf [...] ». En effet, après supplice, le bourreau brûlait ses gants. Se laver les mains ; jeter le gant. Qui écrira le Génie de la manipulation ?

8.

Les animaux sont condamnés, les animaux sont exécutés. Ils sont parfois graciés, acquittés. On les convoque. On les attend. Ils ne viennent pas ? Un nouveau crime est ajouté à la liste de leurs méfaits. On les interroge ? Ils ne répondent pas. Voilà qui les accable encore. S'ils sont sauvages, ils sont nuisibles. S'ils sont domestiqués, ils sont sournois. Leur rapacité est signe de vice. Leur mépris de la propriété propulse leur besoin de se sustenter dans la sphère blâmable de la grivèlerie. S'ils sont sauvages et tuent, ce sont des assassins. S'ils sont domestiqués et tuent, c'est encore pire : ils relèvent alors d'une justice de trahison et de parjure. L'esclave qui tue son maître est un traître : refrain connu. Au final, c'est presque le délit qui fonde l'animalité. Qui arrache l'animal à son « règne » pour l'asseoir sur le banc des accusés. Ce n'est pas qu'on reconnaisse à l'animal un ersatz d'humanité. Plutôt qu'on lui signifie qu'il n'aura droit, de l'humain, qu'à sa justice.

9.

Le cochon dévore l'homme, le cheval le piétine, le taureau l'encorne, l'âne le mord. En 1735, à Clermont, près de Beauvais, une ânesse est arquebusée pour avoir « mal accueilli » sa nouvelle maîtresse. Une expression, alors, semble rendre compte de ce basculement : « Les bêtes sont prises d'émotion. » Les passions animales appellent la pendaison. Comme si le crime était l'indice d'une amorce d'humanité qu'il convient aussitôt d'étouffer. Dans tous les cas, c'est l'Église qui légifère, le Seigneur qui condamne. Au nom de Dieu, une part invisible est sujette à théâtralisation. Le Tout-Puissant réprime le rampant. L'invention de la responsabilité est la grande affaire de l'homme. L'arbitraire a toujours besoin de cobayes. Ainsi, dans les cas de bestialité, le maître et la bête pouvaient s'étreindre une dernière fois, ensemble, sur la couche du bûcher. L'homme et la chèvre : tous deux « bougres ». L'invention du consentement est la grande affaire du mâle.

10.

Devant le tribunal de Bâle, un coq est accusé d'avoir pondu un œuf. Contre la nature même, l'animal. Un perroquet est innocenté, après qu'on l'a considéré comme un faible d'esprit – en avril 1784, il répétait avec entrain : « Vive le roi ! » Le chien Citron dérobe un chapon. Le condamner, c'est réduire à l'état d'orphelins ses chiots, argue l'avocat de la défense – et Racine d'écrire *Les Plaideurs*. Un chien est accusé d'être un contre-révolutionnaire : il aboie au passage de la garde nationale. On l'assomme (et on guillotine son maître). Au-delà de l'anecdote, souvent documentée, parfois lacunaire, se dessine une ligne de partage mouvante. Ce partage opère à sa façon comme un refus de laisser l'animalité en dehors de l'humanité. Le châtiment devient le dénominateur commun entre l'homme et la bête ; il indique une parenté, trouble certes, mais qui se manifeste dans l'infraction. La culpabilité fait du mal un bien partagé. Le degré de conscience du crime est question de perspective. L'intention est un vase vide. Nuire est à la portée de tous. Seul rendre la justice est, finalement, digne de l'homme. La vengeance est bipède, de toute éternité.

11.

Au début du XVIIIe siècle, les procès intentés contre des animaux disparaissent. Que s'est-il passé ?

12.

La souffrance devient soudain l'aune à laquelle mesurer, non l'humanité des animaux, mais la responsabilité morale envers l'animal. Ainsi, grâce entre autres à Jeremy Bentham, l'inventeur du concept panoptique qui sera appliqué avec le succès qu'on connaît au milieu carcéral, la souffrance animale est décrétée aussi réelle et moralement importante que la souffrance humaine. « Le jour viendra où le reste de la création animale acquerra ces droits qui n'auraient jamais dû leur être refusés si ce n'est de la main de la tyrannie » (Bentham). Ce n'est pas la faculté raisonnante qui doit gouverner notre clémence, mais la faculté à souffrir. Là-dessus, Schopenhauer s'accordera également – et dénoncera la vivisection. En 1822, le Parlement britannique fait voter la première loi assurant la protection des animaux, suivie peu après par la fondation de la Société royale pour la prévention contre la cruauté envers les animaux. La France suit de peu, avec en 1845 la création de la SPA.

13.

L'animal avait des devoirs. Il a désormais des droits. Faut-il y voir un paradoxe ? À mesure qu'on rapproche l'animal de l'homme, du moins sur le terrain commun de la souffrance, alors qu'on lui reconnaît des droits similaires à ceux des hommes, du moins concernant sa protection, on le dépénalise. Disculper la bête : par cet acte, l'homme semble s'accorder un supplément d'humanité. Paré au carnage et à la barbarie moderne, l'homme s'inquiète soudain des maux infligés aux animaux. Comme si, se sachant inapte à faire autre chose que torturer son prochain, il lui importait de gracier préventivement tous les moustiques susceptibles de le piquer. Mais assez de cynisme. Si l'animal n'est plus coupable, son innocence mérite protection. Le fait que cette reconnaissance passe par la connaissance de la douleur est révélateur. Le fait que les procès politiques connaissent alors, et pour une durée appréciable, un essor phénoménal, l'est tout autant. Au moment même où la souffrance devient l'argument premier dans la défense des animaux, l'opinion politique devient le crime premier dont devra s'occuper la justice des hommes. On ne doit plus battre son chien. On peut faire interner n'importe qui. Le perroquet royaliste peut s'envoler, plus libre, plus léger. La Kolyma n'est pas une ménagerie.

14.

Le XXe siècle ne sera donc pas le siècle des procès aux animaux. La grande disculpation a eu lieu. Nous avons évolué. Nous ne sommes plus « bêtes » au point de condamner des charançons. Nous comprenons bien que la bique sodomisée n'est pas consentante. Là où il y a souffrance, il ne saurait y avoir consentement – du moins, dans le règne animal. « Comment pouvez-vous prendre plaisir à tirer par surprise sur les pauvres bêtes innocentes et sans défense qui broutent paisiblement à l'orée de la forêt ? À bien y regarder, c'est de l'assassinat pur et simple. » (Himmler) La compassion, une idée neuve en Europe ?

15.

Si l'animal n'est plus sujet à procès, l'animalité, elle, devient le nouveau critère fantasmatique dont se repaît la justice. L'homme est un monstre pour l'homme. Bourreau, il dépèce, dévore, extermine. Supplicié, il rampe, bave, hurle à la mort. La plaie et le fléau, ensemble, enfin. L'idée même de « cruauté inutile » ouvre la voie à une gamme d'hypocrisies inédites. La criminalité est devenue une chose trop précieuse pour qu'on la partage avec les animaux. Un rêve, ou un cauchemar, alors, se dessine, en creux, en abîme : et si l'on décrétait l'homme innocent de toute (nouvelle) éternité ? Si l'homme redevenait bête ? Si sa faute était dissoute en même temps que son âme ? En l'an 1517, un cavalier aux couleurs du duc de Bourgogne fit cette annonce sur le parvis de la cathédrale consacrée à saint Lazare : « Ainsi il est mandé à tous les rats du voisinage de se présenter de corps à trois jours d'aujourd'hui devant nous pour être entendus sur les raisons de leur licence. » Question : que sont les raisons de notre licence ? Quel rat nous mandera ?

16.

Les procès aux animaux, grands absents du XXe siècle, nous sont d'un enseignement précieux. Ils mettent à jour des frontières plus mouvantes que des lignes de flottaison par grand vent. Par eux transpirent des peurs dont nous peinons à pénétrer l'inquiétante absurdité. Ils témoignent d'un temps où le vivant bénéficiait encore du doute. Depuis, nous avons embarqué l'animal dans la grande aventure de notre destruction. Nous attachons des bombes sur le dos des dauphins. Nos chiens savent rattraper les fugitifs. La concurrence animale n'est plus à l'ordre du jour. La bête ne saurait avoir le privilège de la bestialité. Or la seule espèce en voie de disparition, à nos yeux, devrait sans doute être celle de la justice. Nous tolérons davantage l'insoumission naturelle des bêtes que celle, élémentaire et nécessaire, des femmes, dont nous assurons la systématique domestication jusque dans nos lois. En cela, le procès sous sa forme contemporaine est le grand mâle moderne – mais c'est une autre histoire. La Société protectrice des préjugés a de beaux jours devant elle. Nous n'accordons d'âme qu'à nos alliés. « Ils parlent des instincts comme si c'étaient des albatros. » (Elias Canetti)

17.

(le dit du juge futur)

Je suis le gardien de mon frère – qu'il bêle, croasse ou mugisse, je suis son gardien. Animal, mon frère, à ta férocité, à ta ruse, à ta façon de disparaître dans le sol, les airs, les ronces, j'ajoute ceci : ta possible culpabilité. (Nous nous sommes éloignés du troupeau, nous avons descendu les troncs, quitté la souille, du ciel nous n'avons rien gardé ou si peu. Vous êtes restées, vous les bêtes, à ramper et ruminer comme si le temps n'était qu'une tige perçant la croûte terreuse au gré des lunes et des rafales, une pierre noire boursouflée par le vent. Nous, galonnés de conscience, nous avons mis à plat l'horloge du monde et rendu indifférent le midi au minuit. Le thé que je bois, singe, tu n'en as pas idée. Tortue, mon moteur t'est ignorance. Tout ce que j'écris est pollen de plomb, ô araignée, et tes toiles se défont d'elles-mêmes. Le crépitement des cartes que je brasse effraie les phalènes et les interrompt dans leur nécessaire fornication ; la face inflexible des francs que je pose sur la table éblouit les mouches que mon verre change en braises mortes. Je noue ma cravate tandis que tu nettoies la carcasse, frère lion : pour nous rejoindre il va falloir que l'un de nous s'avance et consente – pas moi.) Animal, je te veux vivant et responsable, à deux pas du gibet si tu t'emportes. Ma justice est la tienne, *ergo* mes châtiments t'échoient aussi. Tu ruines ma clôture, j'instruis ton procès ; tu piques mon enfant, je te retire tes privilèges, ta vie, ton vol. Mords ta chaîne si tu veux, corniaud ; pisse sur ta paille, pourceau ; mais laisse mes baies, merle, renonce à mes greniers, souris. Je te ferai entrer dans la grande assemblée des hommes, folie animale, et comme eux te mettrai dans les fers si tu fais butin de ce qui t'est étranger. Nos guerres t'ont accueilli, nos jugements t'honoreront.

*

Bibliographie : Jean Réal, *Bêtes et Juges*, éd. Buchet-Chastel, 2006 ; Édouard L. de Kerdaniel, *Les Animaux en justice – procédures et excommunications*, Eugène Figuière éditeur, 1925.

PROCÈS DE MARWAN BARGHOUTI, 2002-2003

Emmanuel Ruben

« Va te faire mettre ! Tu as tué mes enfants ! » : l'ambiance est plutôt tendue, ce jeudi 5 septembre 2002, dans la salle d'audience du tribunal de district de Tel Aviv. L'inculpé s'est à peine assis sur le banc des accusés que les cris, les invectives, les insultes et les abominations pleuvent de toutes parts. À ce déchaînement de haine, à l'énumération des charges par le procureur – pas moins de trente-sept attentats ou tentatives d'attentats qui lui valent une inculpation pour meurtre avec préméditation, incitation au meurtre, tentative de meurtre, complicité de crime, appartenance à une organisation terroriste, détention d'armes et d'explosifs – Marwan Barghouti se contente d'opposer son sourire bonhomme et son silence obstiné. Longtemps placé en délibéré, le procès – à proprement parler – n'aura jamais vraiment lieu du fait de l'attitude passive de l'inculpé – qui refuse de se défendre, enjoint à ses avocats de se taire et décourage l'avocat commis d'office par ce tribunal d'occupation qu'il ne reconnaît pas.

L'homme qui comparaît ce jour-là devant la justice israélienne n'est pas un inconnu ; treize ans après, il fait figure de véritable icône. L'homme est emmuré depuis treize ans, mais son portrait se retrouve aujourd'hui sur tous les murs de son pays – et plus particulièrement sur LE mur, celui qui, sous prétexte de séparer deux peuples et d'en protéger un autre, ne fait qu'annexer des terres, détruire des oliveraies, ronger les côtes d'un archipel écorché vif, entraver la paix. Sous forme de fresque ou de graffiti, réalisé à la peinture, à la bombe, au pochoir, c'est à quelques détails près la même icône d'une victime de l'arbitraire et d'un homme révolté : les poignets menottés, les mains souvent brandies au-dessus de la tête ou serrées pour signifier son espérance et sa ténacité, parfois deux doigts levés vers le ciel en signe de victoire, le front proéminent, le crâne dégarni, les sourcils froncés, le regard rebelle et insoumis ; sa barbe de dix jours est celle d'un chef de guerre. Des slogans dans toutes les langues – arabe, hébreu, anglais, français – accompagnent en surimpression cette icône : « FREE MARWAN », « FOR THE PEACE », « WANT SECURITY, END OCCUPATION », « PALESTINIANS' MANDELA »...

Voici pour l'icône, qui ne vieillit pas, et qui le fige dans l'instant de son arrestation, dans l'enceinte de son calvaire. Les photos du procès dont nous disposons sont celles d'un petit homme banal et rondouillard, toujours encadré par deux geôliers ou deux policiers qui le dépassent d'une tête. Il a la quarantaine, les traits tirés, le front ridé, la moustache débonnaire, les yeux rieurs. Il ne porte pas de keffieh comme Arafat, sa tête est nue, sa bouille ronde et joviale ; sa barbe de dix jours est celle d'un détenu qui n'a guère l'occasion de se raser ; c'est un père ordinaire avant d'être un petit père des peuples ; sur sa blouse brune, des caractères en hébreu indiquent le matricule qui efface son nom et le rend anonyme, énième prisonnier dans la foule des prisonniers.

Mais le corps et le visage, eux, au contraire de l'icône, vieillissent. Sur les photos du détenu de 2015, on a bien du mal à reconnaître l'inculpé de 2002. Seule la blouse brune et le matricule n'ont pas changé. Aujourd'hui c'est un homme au regard hagard, aux yeux exorbités, au visage pâle et amaigri, ses rares cheveux sont ras et blancs. Il ne porte plus de moustache ni de barbe mais son visage mal rasé est parsemé de poils gris. On le sent diminué, à bout de forces, on sent que dans cette lutte de treize ans, il a laissé des plumes, que la machine judiciaire et l'ombre des barreaux ont eu en partie sa peau, que le vrai corps du condamné a souffert, que son visage a vieilli quand l'autre corps, l'autre visage, ceux de l'icône, n'ont pas changé.

Quarante et un ans après le procès d'Eichmann à Jérusalem, le procès qui s'ouvre le 5 septembre 2002 à Tel Aviv est le plus retentissant de l'histoire d'Israël. Le plus retentissant car le plus médiatisé. Dans un pays où l'absence de procès civils – et parfois même militaires – est la norme, du moins en ce qui concerne les « terroristes », une telle médiatisation intrigue et pose problème. Pourquoi cette focalisation sur Barghouti alors que des milliers de Palestiniens sont exécutés sans procès, alors que des centaines de Palestiniens sont détenus dans le plus grand secret ?

Comme le procès d'Eichmann n'était pas le procès d'un homme mais celui de la Shoah, ce n'est pas le procès d'un homme qui s'ouvre ce jour-là mais le procès d'une séquence de l'Histoire. Le procès de la deuxième Intifada. Laquelle commence avec la fin d'un siècle, le 30 septembre 2000, et se termine avec le début d'un autre, en avril 2002. À la barre sont appelés quatre-vingt-seize témoins à charge. Douze témoins – choisis parmi des parents et des proches de victimes – font le récit des attentats, de même qu'en 1961, des survivants d'Auschwitz étaient venus témoigner contre Eichmann. Aucun témoin n'apporte de preuves convaincantes pour étayer l'implication de l'accusé dans les crimes qui lui sont imputés. Soixante-trois enquêteurs ou personnes associées à l'enquête se succèdent à la barre – à la fois juges et témoins. Parmi les vingt et un témoins directs, les douze premiers disculpent l'accusé et soutiennent à l'audience que leurs déclarations ont été obtenues sous la pression ; quant aux neuf suivants, ils jugent le tribunal incompétent et retournent s'asseoir dans la salle d'audience après avoir embrassé l'inculpé.

Il y a donc un parallèle assez clair qui s'établit dès le début du procès. Si l'on oublie le fait qu'Adolf Eichmann était mieux traité qu'un prisonnier palestinien, si l'on oublie le fait que les Israéliens avaient davantage d'égards pour un ex-dignitaire nazi que pour le secrétaire général en exercice du Fatah pour la Cisjordanie – élu démocratiquement député du Conseil législatif palestinien –, il n'est pas anodin que le *modus operandi* utilisé contre les anciens nazis soit ici reproduit : Barghouti est capturé le 15 avril 2002, à Ramallah – selon les accords d'Oslo en zone A, c'est-à-dire le secteur placé en théorie sous contrôle administratif et judiciaire exclusif de l'Autorité palestinienne – par des soldats et des agents du Shin Beth déguisés en ambulanciers. L'objectif majeur du procès, c'est de prouver que, de même que les Allemands ont orchestré la Shoah, les Palestiniens ont provoqué l'Intifada ; les deux peuples ont en commun d'avoir voulu la mort du peuple juif. Barghouti, comme Eichmann – l'expression fusera plusieurs fois dans la salle d'audience ou dans la presse – est accusé de « crime contre l'humanité » ; toute présomption d'innocence est bafouée d'avance, l'homme « mérite largement la mort » dira un ministre et le procureur général le qualifiera de « principal architecte du terrorisme ». Seulement Barghouti ne peut pas être pendu : entre-temps, la peine de mort a été abolie en Israël. D'où le verdict absurde et cruel qui est prononcé le 6 juin 2004, jour du quarante-cinquième anniversaire de l'intéressé : cinq peines de réclusion à perpétuité. Et comme si ce verdict ne suffisait pas, comme si de telles durées, qui dépassent allègrement l'espérance de vie moyenne d'un héros biblique, ne défiaient pas le sens commun, l'homme écope aussi de quarante ans d'emprisonnement pour tentative de meurtre.

Pourquoi cette focalisation sur Barghouti, qui est pourtant – de l'avis de tous – un modéré ? Il fallait donner un visage à l'Intifada. Barghouti devait incarner cette révolte sans visage, ces attentats cruels, aveugles et anonymes perpétrés contre des civils. En médiatisant à outrance le procès Barghouti, l'erreur de la justice israélienne est précisément d'avoir cherché un visage à cette Intifada qui n'en avait pas. En lui trouvant le visage d'un petit homme banal et modéré mais obstiné, elle croit la rendre justiciable et la dénoncer plus fortement encore – en réalité c'est le contraire qui se produit, elle l'humanise et la banalise. C'est le paradoxe même de tout procès.

Car il y a dans tout procès la recherche d'un corps et d'un visage. La Justice qu'on représente les yeux bandés doit dévoiler un visage maléfique et désigner un corps vil qui subira le prix de la vengeance. Elle doit inscrire son verdict sur ce corps et jeter l'anathème sur ce visage : c'est le sens du pilori comme de la machine inventée par Kafka dans *La Colonie pénitentiaire*. Or le propre du mal, c'est qu'il n'a pas de visage. Le kamikaze n'a pas de visage. Le kapo n'a pas de visage. Le tortionnaire ou le tueur d'enfants n'a plus de visage. Hitler suicidé dans son bunker n'a plus de visage. Donc ce visage qu'on prête au mal, il faut aller le chercher ailleurs. Chez les survivants. Chez ceux que l'attirance morbide pour le mal n'a pas complètement engloutis.

Ici, le procès impossible, l'épreuve de la prison, l'acharnement des juges métamorphosent un petit homme banal et modéré en un héros charismatique. Tous les grands leaders – qu'ils soient considérés comme des monstres ou comme des saints – sont passés soit par la case prison soit par la traversée du désert ; infâmes avant d'être célèbres, ils ont payé préalablement la dette de la gloire. En croyant montrer au monde entier l'image d'un Eichmann palestinien, les Israéliens ont fabriqué de toutes pièces ce petit Mandela palestinien qui s'appelle Barghouti. Et Mandela lui-même a contribué à fabriquer l'analogie, lorsqu'il déclarait, à la fin de l'apartheid : « Nous savons trop bien que notre liberté n'est pas complète car il lui manque la liberté des Palestiniens. »

Or il est nécessaire de ne jamais céder, lorsqu'on évoque le conflit israélo-palestinien, au démon de l'analogie. Israël n'est pas l'Afrique du Sud. Les territoires palestiniens ne sont pas des bantoustans. Le régime d'occupation et de ségrégation spécifique à la Palestine n'est pas un apartheid. Barghouti n'est ni Eichmann ni Mandela. L'histoire ne se répète jamais, ni comme farce, ni comme tragédie – car la farce et la tragédie sont contenues, pêle-mêle, dans chaque événement. L'analogie ne fait qu'obscurcir la lecture du conflit. Elle ne rend pas le conflit lisible, elle noie sa lecture sous une couche de surinterprétation.

C'est d'une objection majeure que naît la comparaison entre Barghouti et Mandela : Mandela, lui aussi, aurait basculé dans la révolte armée, en 1961, après le massacre de Sharpeville, lorsqu'il crée Umkhonto wc Sizwe, la branche armée de l'ANC. Mais Mandela est arrêté en 1964 ; entre la création de cette branche armée et son arrestation, pas un seul militaire, pas un seul civil n'a été tué dans les attentats qui visaient toujours des lieux stratégiques – commissariats, casernes, tribunaux – mais vides. Et lorsque les activités armées reprennent, en 1976, et que cette fois, les attentats deviennent meurtriers, Mandela est toujours sous les barreaux. Barghouti clame qu'il a toujours condamné les attentats contre des innocents ; c'est possible, en revanche, force est de constater que le Tanzim et les Brigades des martyrs d'Al-Aqsa – deux organisations qui l'ont revendiqué comme chef – ont fait couler à plusieurs reprises le sang d'innocents. Et par innocents, je veux parler des enfants, non de l'ensemble des civils. Car la question qui se pose, dès lors, est la suivante : qu'est-ce qu'un civil innocent dans une société militarisée à l'extrême ? Qu'est-ce qu'un civil innocent quand tous les hommes, toutes les femmes en âge de la faire ont fait la guerre ? Qu'est-ce qu'un civil innocent quand les rues sont surveillées jour et nuit par des hommes sans uniforme, armés d'un pistolet-mitrailleur chargé, sans sécurité, dont ils peuvent se servir à tout moment ? Qu'est-ce qu'un civil innocent, dans une société coloniale, à part un enfant ?

Le conflit israélo-palestinien est un conflit spécifique. Et les modalités du procès Barghouti sont également spécifiques. Et c'est sur ce point-là qu'il faut revenir s'interroger. Car il y a une faille majeure dans ce procès impossible. Le mandat d'arrêt contre Barghouti a été délivré par la Cour de magistrature de Jérusalem le 23 septembre 2001, près d'un an après le déclenchement de la deuxième Intifada. Or, le 4 août 2001, Barghouti a échappé de peu à un tir de roquettes qui visait deux véhicules quittant le siège du Fatah. C'est parce qu'il n'a pas été exécuté par l'armée que l'homme doit être traduit devant la justice. Son principal crime : avoir énoncé, dans le *Washington Post*, le *NY Times* et l'*International Herald Tribune*, le 16 janvier 2001, cet axiome : « Le manque de sécurité des Israéliens vient du manque de liberté des Palestiniens. »

Et comme le procès, à proprement parler, est impossible, faute de preuves convaincantes, tout se joue dans l'avant-procès. Nous n'avons pas d'image de la détention provisoire, qui a pourtant duré quatre mois, de la mi-avril à la mi-août 2002. Et la mise au secret se poursuit après le procès. Aux portes du désert, dans la prison de Beersheba. Où le condamné, qui ne peut pas rencontrer ses avocats, vit dans un régime d'isolement total. La cellule mesure 140 × 180 cm. Le détenu ne sort pas pour les repas. Se promène 45 minutes par jour dans une très petite cour.

Il a dénoncé le *shabeh*, la pression physique modérée, qui ne se photographie pas, qui ne se filme pas. Même dans le film *The Gatekeepers*, où des anciens chefs du Shin Beth racontent en détail la procédure infamante, il n'y a pas d'image d'archive, aucune tentative de reconstitution ; les couloirs de la Moscobiyeh – le Russian Compound, prison de sinistre réputation où rien n'a changé depuis le mandat britannique – sont filmés, mais on ne voit pas ce qui s'y passe, on ne peut qu'imaginer, à travers leurs paroles, dans leurs non-dits : ce qu'ils taisent, ce sont les images qui hantent leurs rêves de bourreaux. Il nous faut donc recourir à d'autres médias.

Il faut lire la bande dessinée de Joe Sacco, *Palestine*, si nous voulons nous faire une idée de ce que recouvre le terme hébreu de *shabeh*. En une multitude de petites cases hachurées – 133, je les ai comptées – qui rapetissent et se multiplient de page en page, et qui sont comme autant de cellules hermétiques, Sacco nous montre la fragmentation des corps, l'effacement du visage, le morcellement de l'humain, les brisures quotidiennes ; il nous fait saisir l'écoulement du temps, la faim, la solitude, l'inconfort, l'humiliation, les brimades, les délires qui s'emparent de cet homme assis sur un tabouret branlant, les poignets ligotés par des câbles en plastique et dont la tête couverte d'un sac à patates, faute de pouvoir incarner le visage du mal, incarnera pendant des années le visage de la révolte. En France, « pour préserver la sérénité des débats », seuls les dessinateurs assermentés sont autorisés à croquer les inculpés dans leur box : or, avec *Palestine*, Joe Sacco nous rappelle qu'il n'y a pas de meilleur moyen que le dessin pour dire la violence de la justice.

PROCÈS D'ENRIQUE BERTHIER, OSVALDO RIVAS ET MARÍA CRISTINA GÓMEZ, AVRIL 2008

Hélène Gaudy

APPROPRIER
1. *Attribuer en propre à quelqu'un. Rendre propre, convenable à un usage, à une destination.*
S'approprier : faire sien, s'attribuer la propriété de quelque chose.
2. Archaïsme : *Nettoyer.*
Le Petit Robert (extraits)

Elle se tiendrait dans la salle d'audience, probablement immense, celle où eut lieu le fameux procès des attentats de la AMIA, les plus meurtriers de l'histoire de l'Argentine. On l'imagine solennelle, cette salle, austère comme celles de la Cour suprême de Buenos Aires filmées par Fernando Solanas dans son documentaire *Mémoire d'un saccage* – bâtiments carton-pâte, trop grands, pétris de silence, à moins que ce ne soit le mensonge, dont Solanas scande l'omniprésence, qui les rende si improbables.

Elle se tiendrait donc à la barre, argentine Antigone, petite figure butée face aux accusés. On imagine un couple d'obscurs fonctionnaires, assis serrés sur leur banc de bois lisse. On pourrait l'écrire, cette histoire. Un sujet riche. La première enfant volée pendant la dictature argentine à intenter un procès à ceux qui l'ont arrachée à sa famille pour l'élever comme leur fille, quoique, apparemment, ce point-là se discute. Un sujet, parce que cette jeune femme attaque en justice ceux en face desquels elle a certainement mangé tous les soirs pendant près de trente ans.

Forcément, on l'imagine, la table à laquelle ils s'asseyaient. Les mots qu'ils se disaient. S'il y a eu rupture ou si le lien n'a jamais pu, même dans l'enfance, être créé. S'il est seulement possible de vivre sous le même toit pendant tant d'années sans qu'aucun lien, même de la plus obscure nature, se tisse. On aimerait une réponse à ces questions quand on se dit, c'est un sujet. On voudrait comprendre, approcher le dévoilement progressif de la vérité après la mise au jour du mensonge, la (re)construction d'une nouvelle, ou très ancienne identité. Plus qu'un sujet, c'est une histoire. Un matériau en or pour un roman. Juste ce qu'il faut de suspense, une dimension politique, sociale, un possible psychodrame.

Une histoire, que l'on voudrait s'approprier.

Et c'est là que quelque chose bloque, s'enraye dans les mots prononcés au procès. La jeune fille est rétive, difficile à transformer en personnage. L'un des premiers mots qu'elle prononce à la barre, c'est *apropiadores*, « appropriateurs ». C'est comme ça qu'elle les appelle, ceux qu'elle refuse de nommer ses « parents adoptifs ».

Cette fille-là, on se l'est déjà « appropriée », et si elle porte l'affaire devant la justice, c'est justement pour enrayer la fiction qu'on a construite pour elle.

Difficile, dans ces conditions, de la décrire digne à la barre, ses cheveux bruns frisés, son sac rouge, ses habits noirs, d'en déduire d'éventuelles tendances anarcho-communistes, d'imaginer les soirées en famille devant la soupe froide et l'inévitable horloge tic-tac. Pas d'interview, aucune miette de son passé livrée à l'appétit de nos imaginaires, seulement des conférences de presse où elle lit des discours, expliquant qu'elle tient à être précise dans les mots qu'elle emploie pour ne pas qu'on les lui ôte une fois de plus de la bouche.

Dans l'atmosphère religieuse de cette salle d'audience d'où est bannie toute représentation, les mots sont plus qu'ailleurs ce qui révèle, ce qui donne corps.

En espagnol, accuser se dit aussi *resaltar* : ressortir, être apparent.

À défaut d'inventer, il faut, peut-être, creuser les mots et les noms pour approcher ceux qui les portent, regarder à l'intérieur.

Estos fueron mis apropiadores : María Cristina Gómez Pinto y Osvaldo Arturo Rivas.

« Ils furent mes appropriateurs : María Cristina Gómez Pinto et Osvaldo Arturo Rivas. »

Une femme et un homme, donc. Pourtant, cette distinction, la jeune fille ne la fait jamais. Elle les nomme toujours par leurs noms de famille, Gómez et Rivas, Rivas et Gómez, aucune différence, pas même la marque du féminin ou du masculin qui contribuerait à en faire des individus distincts, des individus tout court.

« Rivas et Gómez, *los apropiadores* ». On les voit bien compères dans un antique film de gangsters, on imagine deux hommes, peut-être parce qu'il est rare d'appeler les femmes par leur nom de famille – abonnées aux madame, mademoiselle ou bien aux seuls prénoms, amputées Ségolènes, et c'est justement ce que l'accusatrice refuse de faire, réserver à la femme qui l'a élevée un traitement spécial, lui prêter les oripeaux d'une image féminine, maternelle. Les « appropriateurs » resteront Rivas et Gómez, malfrats asexués, tout affect évacué.

Elle, elle s'appelle María Eugenia Sampallo Barragán.

Exit, Violeta Rivas, nom choisi par ses « appropriateurs » – peut-être en hommage à son homonyme, la chanteuse argentine Violeta Rivas, qui reprenait, en 1967, affublée d'un carré blond yéyé, la chanson « Kilimandjaro ».

María Eugenia a composé son nom de famille à partir de ceux de ses parents assassinés pendant la dictature – celui de son père, Leonardo Sampallo, militant au parti communiste-marxiste-léniniste, délégué syndical, ouvrier dans un chantier naval, et celui de sa mère, Mirta Mabel Barragán, ouvrière et militante, jetée, endormie, d'un avion dans les eaux du río de la Plata.

Ce procès sert aussi à cela, à se reconstruire un nom, à se remettre au monde.

Les fils qu'elle a tirés, il a fallu recoudre. Trier les pièces du puzzle. Se défaire du nom entendu depuis toujours, ne plus se retourner à la place de toutes les Violeta. On ne sait si cela a été un apprentissage, un arrachement ou si un nom ancien est quelque chose qu'on retrouve, si des liens y sont maintenus au chaud pendant l'absence.

La justicia, cuando trata un caso de apropiación de bebés durante la dictadura, no lo hace como si fuera un caso grave, sino como si estuviera tramitando el robo de un automóvil.

« La justice, quand elle traite d'un cas d'appropriation de bébés pendant la dictature, ne le fait pas comme s'il s'agissait d'un cas grave, mais d'un simple vol de voiture », dit-elle.

Voiture volée. Simple objet.

Pendant que sa mère endormie sombrait dans le fleuve, pendant ce temps peut-être ou juste après, mettons, même si la tentation est grande d'ordonner les faits pour en faire une fiction, l'enfant est confiée à un militaire au nom français, Berthier. Son acte de naissance est falsifié par un médecin surnommé « El Tordo », qui l'« offrira » ensuite à Rivas et Gómez.

Pour qualifier leur action, l'avocat de María Eugenia Sampallo Barragán parle de « lèse-humanité ». Se « désapproprier », c'est passer du statut d'objet à celui d'être doué de parole. Ne plus être un cadeau mais victime d'un larcin.

Yo te crié entre pañales de seda.

« Je t'ai élevée dans des langes de soie », a dit Rivas, ou Gómez.

Langes de soie, dans un pays où les langes, de coton cette fois, sont l'un des symboles du combat des mères et des grands-mères de la place de Mai – le foulard blanc sur leurs têtes rappelant les langes de leurs enfants disparus. C'est par l'intermédiaire de ces femmes qui tous les jeudis tournent ensemble dans le sens inverse des aiguilles d'une montre pour remonter le temps, ne jamais oublier, que María Eugenia Sampallo Barragán a pu retrouver, grâce à un test ADN effectué en 2001, sa famille biologique.

Langes de soie contre langes de coton, bribes d'un passé recouvert, occulté par une opulence brandie en étendard.

L'appropriation de cette enfant tombée du ciel, de celles que l'on dépose à la porte des églises ou que transportent les cigognes, se serait donc faite dans le luxe et en douceur, choses délicates dont elle aurait certainement été privée chez ses parents biologiques de basse extraction. Les « appropriateurs » aiment insister sur ces différences et la plus-value de confort qu'ils lui ont apportée.

Si no fuera por mí, terminabas en un zanjón.

« Si je n'avais pas été là, tu aurais fini dans le fossé », a dit Gómez, ou Rivas, ou les deux.

Le fossé, c'est la crasse, la saleté. Et puisque le sens archaïque du mot « approprier » est « nettoyer », les « appropriateurs » seraient aussi des « nettoyeurs », garants de l'ordre et de la propreté.

Mais au fond, tout au fond du mot, il y a aussi autre chose.

Zanjón. Tranchée. Presque tombe.

Zanjar. Aplanir. Fossoyer.

Si je n'avais pas été là, tu aurais fini dans le fossé. Tu aurais été « fossoyée ». Ensevelie. Disparue.

Dans une étrange symétrie inversée, Rivas et Gómez, rouages d'une dictature qui porte le nom de « sale guerre », complices du meurtre de ses parents, se présentent non seulement comme ceux qui ont « nettoyé » l'enfant mais aussi comme ceux qui l'ont exhumée, qui lui ont donné vie.

Mais Violeta, bien avant de devenir María Eugenia, n'a jamais semblé prendre la mesure du « cadeau » qui lui aurait été fait.

Sos una desagradecida.

« Tu es une ingrate », a dit Rivas, ou Gómez, peu importe.

Parce que le fossé. Parce que les langes de soie.

Desagradar. Déplaire.

Desagradecer. Oublier.

Est ingrat celui qui oublie le bien qu'on lui a fait.

Mais qu'en est-il du mal ? De la mémoire tenace de ce qui, volontairement, est enfoui ?

Comme le corps de l'enfant dans ses langes, ce reste de mémoire a été emmailloté dans une mythologie familiale baroque, digne d'un film d'Almodóvar ou d'une *telenovela*.

À ses interrogations pressantes, il a bien fallu trouver des réponses. Alors, Rivas et Gómez, Gómez et Rivas ont commencé, petit à petit, à inventer.

Au commencement, il y a eu l'accident. Parents décédés, enfant recueillie, adoptée. Gómez et Rivas se présentent déjà comme des sauveurs mais les parents biologiques ne sont pas encore invalidés. D'où les deux versions suivantes :

Era hija de una empleada doméstica, era hija extramatrimonial de Berthier.

« Elle était la fille d'une domestique, elle était la fille illégitime de Berthier. »

L'enfant devient bâtarde, ou fille d'une femme qui lave le sol quand les « appropriateurs » lavent, eux, son honneur avant de l'élever dans la soie. Comme si chaque élément du mensonge devait trouver sa symétrie : Cosette contre fée du logis, compétition truquée entre « l'appropriatrice » et la mère biologique, disparue et salie.

Embarazada : Enceinte. Embarrassée, dit le dictionnaire, quand María Cristina Rivas, *ama de casa*, femme au foyer, se pose en mère de substitution – *ama* signifiant aussi nourrice, mère adoptive.

Il ne s'arrête pas là, le roman à tiroirs, il est sans cesse amendé, modifié, comme si l'accumulation des vérités ne suffisait pas à les faire tourner en mensonges.

Su mamá era una azafata que vivía en Europa y había quedado embarazada en la Argentina de una historia extramatrimonial.

« Sa mère était une hôtesse de l'air qui vivait en Europe et était tombée, en Argentine, enceinte d'un adultère. »

C'est la troisième version, la plus perverse peut-être, parce qu'elle utilise le matériau des rêves qu'affectionnent les petites filles pour mieux le mettre en miettes.

On dirait que ta mère ne serait plus femme de ménage, qu'elle changerait son fichu en chignon impeccable mais qu'elle serait légère, pour ne pas dire salope. Hôtesse mais adultère, indigne fille de l'air.

Est-ce le cynisme ou l'inconscience qui a poussé Rivas et Gómez à semer dans leurs mensonges tous les éléments de la vérité ? Ce bébé tombé du ciel pour atterrir dans le fossé, *azafata* puis *zanjón*, allégorie construite sur les bribes d'une histoire indicible, images taboues passées à la moulinette ? L'accident mortel, la femme de ménage, l'hôtesse de l'air. Dans ces trois versions successives, il y a la mort violente, il y a l'avion, il y a la classe sociale des parents biologiques et le mépris qu'elle leur inspire. Il y a presque tous les ingrédients de la réalité.

Le père est le grand absent de ces élucubrations feuilletonesques comme, d'ailleurs, de la plupart des articles de presse sur l'affaire. À peine apprend-on qu'il a « subi le même sort que sa femme ».

S'est-on focalisé sur la mort de la mère parce que cette argentine Ophélie, tombée, endormie, du ciel dans le río de la Plata, était une figure particulièrement émouvante ? Parce que sa grossesse récente, son enfant restée sur terre, faisaient de sa mort un arrachement en plus d'un meurtre ? Manque-t-on simplement d'informations sur Leonardo Sampallo ? Toujours est-il que Rivas et Gómez, comme les journalistes, se sont concentrés sur l'image de la mère, déclinée sous ses formes les plus usées et contradictoires. Madones de pacotille dont les multiples avatars masquent deux espaces négatifs fondamentaux – le père, la mort violente et non l'abandon.

Jusqu'à ce creux, ce manque, tout était inscrit, planqué dans les phrases entendues depuis l'enfance, tout, dans le double sens des mots, était fait pour mettre à l'oreille de Violeta une puce tenace. Quelque chose a germé dans ces fragments planqués. Quelque chose a pris racine. Quelque chose s'est déployé.

Mocosa caprichosa, hija de guerrillera tenías que ser para ser tan rebelde.

« Morveuse capricieuse, tu dois être une fille de guérillera pour être si rebelle. »

María Eugenia Sampallo Barragán a les mots de ses parents, ce qui n'a pas échappé à Gómez et Rivas. Son vocabulaire, retrouvé ou découvert, est celui d'une militante. Elle dit « démocratiquement ». Elle dit « socialement ». Elle dit que son histoire a à voir avec quelque chose de plus général, le fait que certains s'arrogent le droit de définir quelles sont les personnes les plus « appropriées » pour élever des enfants.

María Cristina Gómez, Osvaldo Arturo Rivas et Enrique Berthier ont écopé respectivement de sept, huit et dix ans de prison. Ils ont tous fait appel.

– *¿Lugar y fecha de nacimiento?*
– *No lo sé.*
« Lieu et date de naissance ? Je ne sais pas ».

Je ne sais pas mais je peux choisir. Choisir de ne pas être née le 7 mai 1978, date inscrite sur un acte de naissance falsifié. Choisir d'être née, plutôt, le 8 février de la même année. Remplacer un mensonge par une invention délibérée, établie « démocratiquement », c'est-à-dire en concertation avec sa famille biologique retrouvée sur le tard.

Choisir le 8 février 1978, date de l'anniversaire de mariage de sa grand-mère, date que María Eugenia Sampallo Barragán s'est « appropriée », « jusqu'à nouvel ordre », dit-elle, préférant au mensonge la construction d'une fiction consciente, choisie et partagée.

Si algún día hay una nueva noticia me lo tendré que cambiar de nuevo.

« Si j'ai un jour une nouvelle information, je la changerai de nouveau », précise-t-elle, acceptant, à présent qu'elle est devenue sienne, la nature incertaine, en devenir, de son identité.

PROCÈS DE LAKHDAR BOUMEDIENE, 20 NOVEMBRE 2008

Sylvain Prudhomme

Ce matin-là, à l'extrême sud de Cuba, à quelques centaines de mètres à peine de la mer, même s'ils ne l'ont plus vue depuis des années, cinq hommes sont assis sous bonne garde devant un petit écran de télévision. Ils s'appellent Lakhdar Boumediene, Mustafa Aït Idir, Hadj Boudella, Mohammed Nechla, Saber Lahmar. Ils ont reçu l'autorisation de quitter quelques heures par jour leur cellule pour venir suivre leur procès dans cette pièce étroite. Les jours précédents, les images qu'ils regardaient étaient diffusées en différé. Ce jour-là, le 20 novembre 2008, ils ont droit au direct : la Cour suprême des États-Unis d'Amérique va rendre son verdict les concernant.

Lakhdar Boumediene et ses quatre codétenus sont Algériens. Il y a sept ans, trois semaines après les attentats du 11 septembre 2001, alors qu'ils vivaient en Bosnie et travaillaient pour le Croissant-Rouge et d'autres ONG engagées dans l'accompagnement du processus de paix consécutif aux guerres d'ex-Yougoslavie, ils ont été arrêtés et accusés de préparer un attentat contre les ambassades américaine et britannique à Sarajevo. Un procès a eu lieu. Dès les premiers jours d'instruction, la juge bosnienne Nermina Pivic s'est étonnée de trouver un dossier vide, sans la moindre preuve ni le moindre indice à charge des accusés. Elle a eu la surprise d'apprendre qu'en prison des enquêteurs du FBI se livraient, en dehors de tout cadre légal, à des interrogatoires auprès des prévenus ; que ces interrogatoires ne portaient pas sur le prétendu projet d'attentat contre les ambassades, mais sur d'éventuels contacts que les accusés auraient pu entretenir par le passé avec tel ou tel responsable d'Al-Qaïda ; sur tel ou tel séjour qu'ils auraient pu effectuer par le passé au Pakistan ou au Yémen ; sur l'amitié qu'ils entretiendraient avec un sixième Algérien en possession d'un faux passeport yéménite, Bensayah Belkacem – tout cela sur le mode de l'hypothèse, de la supputation, sans rien d'avéré.

Le 17 janvier 2002 la justice bosnienne a livré son verdict : relaxe immédiate des accusés, blanchis de toutes les charges retenues contre eux. Et puis quelque chose s'est passé qui n'est pas simple à décrire. L'image qui vient est celle d'une trappe. D'un trou noir. D'un bras goulu qui s'approche sans rien dire, passant par-dessus les têtes, se foutant royalement du droit et de toutes les relaxes de la terre, façon suceuse, ces tuyaux énormes qu'on utilise pour les travaux de dragage. On a abondamment fantasmé, en France, le Kärcher : imaginaire du décapage plus blanc que blanc, de la gâchette, de la giclée surpuissante. Les États-Unis, dans leur grande sagesse de première puissance mondiale, ont trouvé beaucoup plus calme, plus discret, plus efficace. Moins de bruit, moins d'éclat. Simplement la suceuse qui s'approche en silence. Engloutissement net et propre, définitif, direction les oubliettes.

Sitôt l'acquittement prononcé, l'avocat des « six d'Algérie » a fait part aux journalistes de son inquiétude quant aux intentions américaines. Le 18 janvier 2002, à l'heure annoncée par la justice bosnienne, les proches de Lakhdar Boumediene et des autres Algériens sont venus les attendre devant la prison. Mais au lieu de sortir à pied, c'est en voiture que les détenus sont apparus, yeux bandés à l'arrière des véhicules, menottes aux poignets. La foule a voulu arrêter les pick-up, résister aux jets de grenades lacrymos, en vain.

Des photos existent des transferts aériens vers la base américaine de Guantanamo : le fond plat d'un gros-porteur américain plongé dans l'ombre, sans fauteuils ni mobilier. Des dizaines d'hommes assis à même le sol pendant les longues heures du voyage, comme à fond de cale d'un bateau, cagoule noire sur la tête, sangles en surtension les empêchant ne serait-ce que de s'accroupir, cela dans le froid de la soute, pendant d'interminables heures, sous un grand morceau de tissu pendu au plafond : le drapeau des États-Unis d'Amérique. Faisant au-dessus de cette scène à peu près le même effet que la fameuse devise de Guantanamo Bay à l'entrée du camp de détention : *Honour Bound To Defend Freedom.*

Ce 20 novembre 2008, il y a plus de huit ans que Lakhdar Boumediene et ses quatre codétenus sont là. Ils sont arrivés parmi les tout premiers, le 22 janvier 2002, en même temps que les premières dizaines d'hommes capturés en Afghanistan. Ils ont connu le camp X-Ray des débuts, resté célèbre pour ses images d'hommes en combinaison orange agenouillés sur un sol caillouteux, pieds et poings liés, parqués comme des animaux en plein air, derrière de simples murs de grillages barbelés. Ils ont assisté à l'édification du camp Delta, bâti sur le modèle des prisons américaines de haute sécurité, organisé en bâtiments numérotés de 1 à 4, puis à 5, puis 7, par « dangerosité » croissante des détenus. Ils ont assisté à l'inflation du nombre de prisonniers (bientôt plus de 700 hommes détenus sur la base navale américaine en dehors de tout cadre juridique), découvert la médiocrité des interrogateurs et des interprètes (l'énoncé « j'ai travaillé au Croissant-Rouge » devenant un jour dans la bouche d'un des interprètes de Boumediene « il a acheté des croissants rouges »[49]), subi la torture autorisée presque ouvertement par les circulaires du secrétaire d'État à la Défense Donald Rumsfeld.

Surtout ils ont fait ce constat désespérant : que les mois et les années passaient sans qu'on les interroge jamais sur le motif originel de leur détention, le prétendu projet d'attentat contre les ambassades. Qu'aucune enquête n'était en cours à ce sujet. Que personne, pas même un enquêteur, ne semblait prêter le moindre crédit à cette charge. Comme si tout n'avait été qu'un prétexte. Comme si leur parfaite innocence ou leur culpabilité dans cette affaire importaient peu pourvu qu'ils soient là, derrière ces barbelés, hors d'état de nuire au cas parfaitement hypothétique où ils en auraient eu l'intention.

« Mais je suis là pourquoi alors ? se met à demander Boumediene. Je vais rester combien de temps, si on ne me juge jamais ? » Les oubliettes. Le trou noir. L'expérience du pur arbitraire : quelque chose qui n'a pas de raison de cesser, puisque cela n'avait pas de raison de commencer.

L'origine du camp de Guantanamo – installé à bonne distance apparente du sol américain, sur une enclave où le Pentagone n'en règne pas moins en maître absolu – est connue : la nécessité, pour les Américains, de placer en détention, sans inculpation et pour une durée illimitée, des combattants ou des suspects n'appartenant à aucun État officiel, et ne pouvant donc être considérés comme des prisonniers de guerre, au titre des Conventions de Genève. Quitte à bafouer grossièrement le droit international. Quitte à se livrer à des contorsions juridiques dont la plus spectaculaire reste l'invention du statut inédit d'*enemy combatant*, forgé pour désigner ces adversaires irréguliers, ne relevant d'aucun État reconnu, et les priver du même coup, par simple voie de fait, non seulement de liberté mais de tout droit à un procès équitable.

À situation exceptionnelle, justice exceptionnelle, voire absence de justice tout court : courant 2006, lassé de réclamer en vain un procès, Lakhdar Boumediene entame une grève de la faim. En quelques semaines il perd plus de quinze kilos, se voit imposer des séances quotidiennes d'alimentation forcée, sanglé à un fauteuil de l'hôpital, des tuyaux enfoncés jusque dans son estomac par une narine, toujours la même, raconte-t-il, pourtant fissurée, comme le savent parfaitement les chargés de l'opération, même s'ils font chaque matin mine d'avoir oublié et renfoncent le tuyau par le même orifice.

Pendant ce temps un avocat s'est emparé de son cas : Stephen Oleskey, dont la mère, avocate elle aussi, s'est battue dans les années 1950 pour défendre des innocents, en pleine chasse aux communistes. Oleskey a lu le dossier de Boumediene ; il y voit un cas exemplaire, susceptible de faire jurisprudence. Boumediene s'inquiète du montant que lui coûtera sa défense. Pas un dollar, lui répond Oleskey, dont le cabinet consacre 5 % de ses bénéfices à la défense de clients démunis. Durant de longs mois, l'avocat travaille. Multiplie les allers-retours à Guantanamo (dix-sept au total) et au Pentagone. S'attache les services d'un enquêteur bosnien qui travaille pendant plus de deux ans sur le dossier à Sarajevo.

Le 12 juin 2008 enfin, l'arrêt « Boumediene vs Bush » fait l'effet d'une bombe. La Cour suprême reconnaît le droit du détenu n° 10005, et donc de tous les détenus de Guantanamo, à un procès équitable. Boumediene a vaincu Bush. Ce jour-là, et ce jour-là seulement, Boumediene accepte de manger : on ne triomphe pas tous les jours du président des États-Unis d'Amérique.

Quelques mois plus tard, le 20 novembre 2008, le procès a lieu. Pour la première fois, le gouvernement américain est sommé d'exposer des preuves justifiant du placement de Boumediene en détention. Stephen Oleskey s'est battu pour obtenir que Lakhdar Boumediene soit autorisé à venir témoigner à Washington. Puis, devant l'opposition de la justice américaine, les difficultés rencontrées, il a parlé à Boumediene d'un enregistrement filmé, censé lui permettre de témoigner à distance ; puis d'un simple coup de fil qui lui serait passé pendant l'audience. Finalement il n'y a ni enregistrement ni coup de fil : Boumediene assiste à son procès devant la télévision, comme les quatre autres Algériens jugés en même temps que lui.

Je ne sais pas à quoi ressemble la pièce où sont assis les cinq hommes, je ne sais pas de quelle taille est l'écran sur lequel ils assistent au verdict, ni combien de soldats les surveillent, ni s'ils portent aux pieds les entraves humiliantes que l'on aperçoit au sol du camp Delta dans les rares reportages montrant l'intérieur de Guantanamo. Toujours est-il que c'est d'eux qu'il s'agit, à presque 3 000 kilomètres de là, parmi les ors de la Cour suprême, en un instant historique.

Bien sûr ils sont acquittés. Fait rarissime, le juge Richard Leon, sitôt énoncé le verdict, exhorte le gouvernement américain à ne pas faire appel. Et recommande que soient libérés *immédiatement* (*forthwith*) ces cinq hommes qui ont déjà passé, sans raison valable, sept ans de leur vie en prison.

Rencontré début 2010 à Nice, huit mois après son accueil en France, pour un entretien réalisé avec Lætitia Bianchi et paru le 10 février 2010 dans *Le Tigre*, Lakhdar Boumediene a eu, au bout de deux heures d'échange intense, ces mots laconiques : « Le 17 janvier 2002 : verdict proclamant mon innocence en Bosnie. Le 22 janvier : arrivée à Guantanamo. Je n'ai pas oublié. Juin 2008 : décision concernant tous les détenus. 20 novembre. 20 décembre. 15 mai [date de son départ pour la France]. Voilà la vie de Boumediene. » Puis répondant à la question de savoir s'il souhaitait poursuivre un jour George Bush et Dick Cheney pour ces sept années de détention abusive : « Jusqu'à ma mort. »

Huit ans et deux mandats d'Obama après l'arrêt « Boumediene vs Bush », le camp de Guantanamo n'est toujours pas fermé. Il a fêté son quinzième anniversaire. Un peu plus de cent détenus y restent emprisonnés. Boumediene, lui, vit dans l'arrière-pays niçois avec sa femme et ses deux filles. A-t-il toujours le projet d'attaquer Bush, et peut-être de le vaincre une deuxième fois ? En attendant il doit comme chacun de nous assister, peut-être devant un petit écran de télévision, à la poussée de fièvre sécuritaire ambiante, prolongement de l'état d'urgence, Patriot Act, modification des constitutions, fichage des individus. Et se dire que l'arbitraire a décidément devant lui de belles heures encore à vivre.

NOTES

1. Lionel Ruffel, *Volodine post-exotique*, éditions Verdier, page 20. Le dossier du numéro 17 de la revue *inculte*, paru en mars 2009, proposait une première ébauche de ce qui deviendrait le présent volume.

2. Nous empruntons cette image à Jean-Paul Sartre, dans *Situations I* (*Qu'est-ce que la littérature ?*)

3. C'est l'image choisie par Leibniz pour expliquer ce qu'il entend par « petites perceptions », dans sa préface aux *Nouveaux Essais sur l'entendement humain*.

4. Pour tous les détails, voir le livre de Marguerite Bonnet, *L'Affaire Barrès*, Corti, 1987.

5. Voir Émile Soulier, « Histoire(s) de la performance », *artpress* trimestriel n° 7, Performances contemporaines, janvier 2008.

6. Le mot « performance » dérive de l'ancien français *parformer*, « donner une forme accomplie ». Voir Richard Schechner, *Performance*, éditions Théâtrales, 2008.

7. Allan Kaprow, *L'Art et la vie confondus*, éditions du Centre Pompidou, 1997.

8. Ce qui caractérise Barrès est « son masque de vieil acteur », *Affaire*, p. 100.

9. Cité dans Richard Schechner, p. 213.

10. *L'Affaire Barrès, op.cit*, p. 91 et sq.

11. Voir RoseLee Goldberg, *La Performance*, Thames&Hudson, 2001.

12. Autant il est possible de rejouer une performance, autant un happening semble plus difficilement réactivable.

13. Pour retrouver l'intégralité de l'article en russe dans sa composition de 1934, cf. www.cyberussr.com/rus/uk58-r.html (une traduction en anglais est également disponible sur la même page).

14. Citons encore pour exemple parmi ce terrifiant bouquet de sigles : ASA (*Antisovietskaïa aguitatsia*, propagande antisoviétique) correspondant à l'alinéa 10 de l'article 58 ; KRM (*Kontr-révolioutsionnoïé mychleniïé*, pensée contre-révolutionnaire) ; SVP Ch (*Sviazi viédouchtchiïé k podozréniou chpionaja*, relation pouvant conduire à une présomption d'espionnage) ; VAS (*Vynachyvaniïé antisovietkikh nastroiéni*, sentiments antisoviétiques en gestation) ; etc. Où l'on voit qu'il suffit de présomptions, de relations, de pensées ou de sentiments en gestation (!) pour être condamné à de très lourdes peines.

15. Richard Pipes, *La Révolution russe*, trad. de l'américain sous la dir. de Jean-Mathieu Luccioni, PUF, 1993, p. 761.

16. Varlam Chalamov, *Récits de la Kolyma*, trad. du russe par Sophie Benech, Catherine Fournier et Luba Jurgenson, Verdier, 2003, p. 610.

17. Soit environ un citoyen soviétique sur 200.

18. Varlam Chalamov, *op. cit.*, p. 455.

19. « Nous vivons sans sous nos pas sentir le pays, / nos paroles – inaudibles passé dix pas, // Et là où on aurait assez pour esquisser une moitié de conversation – / Là, on se souvient du montagnard du Kremlin. // Ses gros doigts, comme des vers, sont gras / Et ses mots, comme des poids de 16 kg, sont sûrs. // Ses grosses moustaches de cafard rient / Et la tige de ses bottes luit. // Autour de lui – un ramassis de chefs au cou de poulet, / Lui, il joue des services de ces avortons. // Qui sifflent, qui miaulent, qui pleurnichent, / Lui, il est le seul à taper du poing et à tutoyer. // Comme fers à cheval il forge décret sur décret – / Qui dans l'aine, qui en plein front, qui au sourcil, qui dans l'œil. // Quelle que soit la mise à mort – pour lui c'est du nanan, / Et large est sa poitrine d'Ossète. » Traduction inédite d'Yvan Mignot.

20. Vsevolod Meyerhold, *Écrits sur le théâtre*, Tome IV (1936-1940), traduction, préface et notes de Béatrice Picon-Vallin, L'Âge d'homme, 1992, p. 301.

21. Nicolas Werth, *L'Ivrogne et la Marchande de fleurs : Autopsie d'un meurtre de masse, 1937-1938*, Tallandier, 2009, p. 312.

22. *Le Vertige*, trad. du russe par Bernard Abbots avec le concours de Jean-Jacques Marie, Seuil, coll. « Point », 1997 et *Le Ciel de la Kolyma*, trad. du russe par Geneviève Johannet, Seuil, coll. « Point », 1998.

23. Anna Akhmatova, *Requiem*, trad. du russe par Paul Valet, éditions de Minuit, 1966, p. 45.

24. Le camp de la Vichéra est une filiale du SLON (camp spécial des Solovki). Les Solovki sont un groupe d'îlots de la mer Blanche. Cf. Varlam Chalamov, *Vichéra*, trad. du russe par Sophie Benech, Verdier, 2000.

25. Cf. la liste des victimes de la terreur politique en URSS sur le site *memo.ru* : lists.memo.ru.

26. Varlam Chalamov, *op. cit.*, p. 299.

27. Cf. l'article d'Ilya Rojdestvensky intitulé « De l'esprit des lois soviétiques », traduit par Léo Frey, sur www.garedelest.org/actus/actus-en-une/421-de-l-esprit-des-lois-sovietiques.

28. Jean-François Lyotard, *Le Différend*, Éditions de Minuit, Paris, 1983, p. 146.

29. Idem, p. 150.

30. Témoignage de Charles Manson devant la Cour de Californie, le 20 novembre 1970 (je traduis).

31. « La geste sécuritaire [...] présente plusieurs caractéristiques qui l'apparentent étroitement à la geste pornographique, telle que l'ont décrite avec précision ses analystes féministes. Tout d'abord, elle est conçue et exécutée non pas pour elle-même mais dans le but exprès d'être exhibée et vue, scrutée, reluquée : il s'agit en priorité absolue de faire du spectacle, au sens propre du terme. Pour cela, la parole et l'action sécuritaires doivent être méthodiquement mises en scène, exagérées [...], dramatisées, ritualisées même. Ce qui explique que, comme les ébats charnels

planifiés qui peuplent les films pornographiques, elles soient extraordinairement répétitives, mécaniques et donc éminemment prévisibles. » (Loïc Wacquant, *Punir les pauvres*, Agone, 2004)

32. Baader et Ensslin entendaient protester ainsi contre la guerre du Vietnam et le consumérisme ambiant. Après avoir été condamnés, ils sont remis en liberté provisoire en juin 1969 dans l'attente de l'appel. La condamnation est confirmée, ils disparaissent dans la nature. Baader est de nouveau arrêté en avril 1970 et libéré par un commando armé en mai.

33. Otto Schily est le plus célèbre d'entre eux – qui deviendra vingt ans après le ministre de l'Intérieur ultra-sécuritaire dans le gouvernement Schröder (1998-2005) – un des innombrables exemples de ceux qui sont passés du col Mao au Rotary, pour reprendre le titre du livre de Guy Hocquenghem (réédité chez Agone en 2014).

34. « On fait partie ou du problème, ou de la solution, entre les deux il n'y a rien. » (Meinhof)

35. *Der Baader Meinhof Komplex* (Stefan Aust, Goldmann, 1997) par exemple. Ce livre mériterait un article entier : c'est une référence souvent citée sur la question. La tendance systématique à inventer des dialogues et à broder sur la psychologie des protagonistes en rend la lecture très exaspérante.

36. Avant le verdict : mort de Meins, suicide de Meinhof immédiatement suspecté d'être un assassinat maquillé, assassinat du procureur général auprès de la Cour fédérale, etc.

37. Après sélection pour accouplement des plus beaux spécimens mâles et femelles de race nordique, et outre l'absolue pureté de leurs origines aryennes jusqu'aux grands-parents, les corps sélectionnés devaient prouver leur adhésion fervente à la Bible nationale-socialiste. Les résultats des accouplements (appelés « enfants ») étaient éduqués dans des foyers spéciaux avant d'être adoptés par des familles de soldats SS. Abandonné en 1945, Armin Meier était passé de main en main, de gifle en taloche et en pension catholique, avant de croiser la route du cinéaste et de se suicider en 1978.

38. *Le Pull-over rouge*, Gilles Perrault, Ramsay, 1978

39. « Un enfant est battu », Sigmund Freud, 1919, *Œuvres complètes*, volume 15, PUF.

40. Et qui fera la carrière qu'on sait, défendant en tant qu'avocat Laurent Gbagbo, Charles Pasqua, Pierrette Le Pen.

41. Michel Foucault, « Du bon usage du criminel », 1978, *Dits et Écrits II*, p. 657.

42. Gérard Bouladou, *Récit d'une imposture*, Pascale Petiot éditions, 2006.

43. Karin Osswald, *L'Affaire Ranucci*, J'ai lu, 1994.

44. Montaigne, *Essais, II, 2*, Folio.

45. Freud, *Sur le mécanisme psychique de l'oubli*, PUF, tome 1, page 9.

46. Traditionnel corse, traduit par l'auteur.

47. Les Interahamwe constituent la plus importante des milices rwandaises créées dès 1992 par le MRND, parti du président Juvénal Habyarimana. Interahamwe signifie « ceux qui combattent ensemble » en kinyarwanda. Ces milices sont responsables de la plupart des massacres pendant le génocide en 1994.

48. *Inyenzi*, mot kinyarwanda qui signifie « cafard », est une expression péjorative fréquemment employée à l'époque pour se référer aux Tutsis.

49. Toutes les citations sont extraites d'un entretien accordé par Lakhdar Boumediene au journal *Le Tigre*, et réalisé le 3 février 2010 à Nice en collaboration avec Lætitia Bianchi (*Le Tigre* du 13 au 26 février 2010).

Emmanuel Adely est né le (1), il est né à (2), il écrit des (3)(notamment (4)), entre autres chez (5). Dernier ouvrage paru : *La Très Bouleversante Confession de l'homme qui a abattu le plus grand fils de pute que la terre ait porté*, éditions inculte, 2014.
(1) 4 août 1962
(2) Paris
(3) romans
(4) *Les Cintres*, éditions de Minuit ; *Genèse*, éditions du Seuil ; *Sommes*, éditions Argol
(5) Minuit, Stock, Gallimard

Arno Bertina est né en 1975. Membre du collectif inculte, romancier, il est l'auteur, notamment, de *Le Dehors ou la migration des truites* (Actes Sud, 2001) *Anima motrix* et *Je suis une aventure* (Verticales, 2006 et 2012). D'autres récits sont parus (notamment *Ma solitude s'appelle Brando*, Verticales, 2008) et de courts romans publiés dans les marges de travaux photographiques, par les éditions du Bec en l'air.

Julie Bonnie est née le 3 mars 1972 à Chatou. Musicienne, auteure de *Chambre 2* (Belfond, 2013) et *Mon amour* (Grasset, 2015), elle a travaillé pendant dix ans en maternité comme auxiliaire de puériculture.

Claro est né en 1962. Il est l'auteur d'une vingtaine de fictions (*CosmoZ*, *Crash-test*) et d'une centaine de traductions de l'anglais (Vollmann, Gass, Gaddis, Danielewski). Membre du collectif inculte et codirecteur de la collection Lot 49 au Cherche-Midi, il tient également un blog littéraire, *Le Clavier cannibale*.

Thomas Clerc est né à Neuilly-sur-Seine en 1965. Romancier et essayiste, il est l'auteur, notamment, de *Paris, musée du XXI*e *siècle. Le Dixième Arrondissement* (2007), *L'Homme qui tua Roland Barthes* (2010) et *Intérieur* (2013), parus chez Gallimard dans la collection « L'Arbalète ».

Marie Cosnay vit et travaille au Pays basque. A publié chez Verdier (*Villa Chagrin*, 2005), Laurence Teper (*André des Ombres*, 2008), Cadex (*Entre chagrin et néant*, 2009), Cheyne (*Le Fils de Judith*, 2014), l'Ogre (*Cordelia la guerre*, 2015), Nous (*Vie de HB*, 2016). Écrit des chroniques sur un blog hébergé par Médiapart : https://blogs.mediapart.fr/marie-cosnay/blog. Traduit Ovide (*D'Orphée à Achille*, Nous, 2011) et Virgile sur le site remue.net.

Julia Deck est née à Paris en 1974. Elle est l'auteure de deux romans, *Viviane Élisabeth Fauville* et *Le Triangle d'hiver*, tous deux parus chez Minuit.

Pierre Ducrozet est né en 1982 à Lyon. Il est l'auteur de trois romans : *Requiem pour Lola rouge* (2010, prix de la Vocation), *La vie qu'on voulait* (2013) et *Eroica* (2015), aux éditions Grasset.

Mathias Énard est né en 1972 à Niort. Romancier, traducteur, membre du collectif inculte, il est l'auteur, notamment, de *La Perfection du tir* (2003), *Zone* (2008), *Parle-leur de batailles, de rois et d'éléphants* (2010) ou de *Rue des voleurs* (2012), chez Actes Sud, et, aux éditions inculte, de *L'Alcool et la Nostalgie* (2011). Il a reçu le prix Goncourt 2015 pour son roman *Boussole* (Actes Sud).

Jérôme Ferrari, né en 1968 à Paris, est écrivain. Il est l'auteur, notamment, de *Un dieu un animal* (2009), *Où j'ai laissé mon âme* (2010) et *Le Principe* (2015), tous trois parus chez Actes Sud. Son roman *Le Sermon sur la chute de Rome* a reçu le Prix Goncourt en 2012. Il a également cosigné *À fendre le cœur le plus dur* avec Oliver Rohe aux éditions inculte (2015).

Christophe Fiat est né en 1966 en Franche-Comté. Il est l'auteur, entre autres, d'*Héroïnes* (Al dante, 2005), *Stephen King for ever* (Le Seuil, 2008), *Retour d'Iwaki* (Gallimard, 2011), *Cosima femme électrique* (Philippe Rey, 2013), *La Comtesse* (Naïve Livres, 2014).

Hélène Gaudy est née à Paris en 1979. Membre du collectif inculte, elle est l'auteure de plusieurs romans, récits, livres pour la jeunesse et livres d'art, parmi lesquels *Plein hiver* (Actes Sud, 2014), *Si rien ne bouge* (Le Rouergue, 2009 / Babel 2014) et *Vues sur la mer* (Les impressions nouvelles, 2006). Son dernier livre, *Une île, une forteresse*, est paru en janvier 2016 aux éditions inculte.

Maylis de Kerangal est née en 1967 à Toulon. Membre du collectif inculte, elle est l'auteure, notamment, de *Corniche Kennedy* (2008), *Tan-*

gente vers l'est (2012), *Réparer les vivants* (2013) ou *À ce stade de la nuit* (2015), tous parus aux éditions Verticales. Son roman *Naissance d'un pont* (Verticales) a reçu le prix Médicis 2010.

Mathieu LARNAUDIE est né en 1977 à Blois. Il codirige les éditions inculte, et il est l'auteur, notamment, de *Strangulation* (Gallimard, 2008 / Babel 2015), *Les Effondrés* (2010 / Babel 2012), *Acharnement* (2012) et *Notre désir est sans remède* (2015), tous trois parus aux éditions Actes Sud.

Alban LEFRANC est né en 1975 à Caen. Derniers titres parus : *L'Amour la gueule ouverte* (Hélium, 2015) et *Si les bouches se ferment* (Verticales, 2014) autour de la Fraction armée rouge et de Bernward Vesper.

Stéphane LEGRAND est né en 1975 dans le Val d'Oise. Philosophe (*Les Normes chez Foucault*, PUF, 2007), patron de bar à l'occasion, membre du collectif inculte, il est aussi romancier, et l'auteur du *Dictionnaire du pire* (inculte, 2010), d'un *Plaidoyer pour l'éradication des familles* (inculte, 2011) ou de *Styx Express* (Gallimard, collection « L'Arpenteur », 2012).

Christophe MANON est né en 1971 à Bordeaux. Il a fait paraître une dizaine de livres, parmi lesquels *Protopoèmes* (Atelier de l'agneau, 2009), *Univerciel* (NOUS, 2009), *Qui vive* (Dernier télégramme, 2010), *Testament*, d'après François Villon (éditions Léo Scheer, 2011), *Cache-cache* (Derrière la salle de bains, 2012) et *Extrêmes et lumineux* (Verdier, 2015).

Sylvain PRUDHOMME, né en 1979, est l'auteur, notamment, de *Là, avait dit Bahi* (2012) et des *Grands* (2014), parus chez Gallimard, coll. « L'Arbalète ».

Emmanuel RUBEN, écrivain et dessinateur, est né en 1980 à Lyon. Il est l'auteur de *Jérusalem terrestre* (inculte, 2015), *Dans les ruines de la carte* (Vampire actif, 2015), *La Ligne des glaces* (Rivages, 2014) ou *Kaddish pour un orphelin célèbre et un matelot inconnu* (éditions du Sonneur, 2013).

Frank SMITH est écrivain/poète et vidéaste. Il est né à Nottingham en juin 1968. Derniers ouvrages parus : *Katrina, Isle de Jean Charles, Louisiane*, éditions de l'Attente, et *Fonctions Bartleby, Bref traité d'investigations poétiques*, éditions Le Feu sacré, 2015. Dernier film réalisé : *Le Film des questions*, commande du Centre Pompidou pour le festival Hors Pistes 2015. Site personnel : www.franksmith.fr.

CHEZ LE MÊME ÉDITEUR

Philippe Aronson *Un trou dans le ciel*
Ewen Chardronnet *Mojave Épiphanie*
Renaud Monfourny *Sui generis*
Olivier Hodasava *Janine*
Hélène Gaudy *Une île, une forteresse*
Jérôme Ferrari, Oliver Rohe *À fendre le cœur le plus dur*
Emmanuel Ruben *Jérusalem terrestre*
Jim Carroll *Downtown Diaries*
André Markowicz *Partages*
André Markowicz *Ombres de Chine*
Mounir Fatmi & Ariel Kyrou *Ceci n'est pas un blasphème*

CATALOGUE NUMÉRIQUE

Maurice G. Dantec *Les Résidents*
Collectif inculte *Devenirs du roman vol. 2*
Olivier Hodasava *Éclats d'Amérique*
Emmanuel Adely *La Très Bouleversante Confession...*
Claro *Cannibale lecteur*
Julien Cantoni *La Société connectée*
Bruce Bégout *Suburbia*
Anthony Poiraudeau *Projet El Pocero*
Daniel Foucard *Nudism*
Ariel Kyrou *Révolutions du net*
Tarik Noui *À nos pères*
Stéphane Legrand *Plaidoyer pour l'éradication des familles*
Collectif inculte *Face à Sébald*
Paul McGuire *Lost Vegas*
Daniel Foucard *Bill*

Claro *Plonger les mains dans l'acide*
Collectif inculte *Le Ciel vu de la Terre*
Mathias Énard *L'Alcool et la Nostalgie*
Jules Pochy *Made in Poker*
Ariel Kyrou *Google God*
Stéphane Legrand *Dictionnaire du pire*
Collectif *Logique du massacre*
Saddam Hussein, la chute : entretiens avec le FBI
Nicolas Richard, Kid Loco *Les Soniques*
Collectif inculte *Face à Lamarche-Vadel*
Ariel Kyrou *ABC-Dick*
Claro *Le Clavier cannibale*
Stéphane Legrand, Sébastien Le Pajolec *Lost album*
Collectif inculte *Face à Pynchon*
Collectif inculte *Une chic fille*
Jacques Barbéri *Les Années Spoutnik*
Collectif inculte *Devenirs du roman*

Revue *inculte* #1 à 20

ISBN : 979-10-95086-14-7

62, rue du Faubourg-Saint-Antoine
75012 Paris

Remerciements :
Société des amis d'inculte,
Jean-Claude Fasquelle

Couverture : Rémi Pépin

Distribution : UD
Diffusion : Actes Sud

Dépôt légal : mars 2016
IMPRIMÉ EN FRANCE

Achevé d'imprimer le 8 mars 2016
sur les presses de l'imprimerie *La Source d'Or*
63039 Clermont-Ferrand
Imprimeur n° 18555

PEFC/10-31-2008

*Dans le cadre de sa politique de développement durable,
La Source d'Or a été référencée IMPRIM'VERT®
par son organisme consulaire de tutelle.
Cet ouvrage est imprimé - pour l'intérieur -
sur papier "Munken Print Cream" 80 g main de 1,8
provenant de la gestion durable des forêts,
des papeteries Arctic Paper, dont les usines ont obtenu
les certifications environnementales ISO 14001 et E.M.A.S.*